KB200746

기도하고 싶은데
기도를 어떻게 시작해야 할지 모를 때

Originally published in English under the title

RESET: 20 Ways to a Consistent Prayer Life

by Bob Sorge

International Copyright © 2017 by Bob Sorge

Published by Oasis House
PO Box 522, Grandview, Missouri 64030-0522, U.S.A.
www.oasishouse.com
www.bobsorge.com

Translated by permission of the author
All rights reserved.

This Korean edition copyright © 2018 by Kyujang Publishing Company

기도 하고 싶은데
기도 를 어떻게 시작해야 할지 모를 때

20 WAYS TO A CONSISTENT PRAYER LIFE

밥 소르기 지음 · 전의우 옮김

규장

밥 소르기는 그리스도인들이 하나님과 더 깊이 친밀해지도록 훈련하는 사역을 해왔다. 이 책은 단순히 기도 안내서가 아니다. 이 책에서, 하나님 아버지를 찾는 그의 여정을 엿볼 수 있다. 더욱 한결같은 기도생활을 원하지만 어디서 시작해야 할지 모른다면, 이 책은 당신에게 더없이 완벽하다!

로버트 모리스 게이트웨이교회 설립 목사,
《축복된 삶》,《하나님의 마음에 맞추라》 저자

《기도하고 싶은데 기도를 어떻게 시작해야 할지 모를 때》를 읽는데 가슴이 뛴다. 우리는 캄캄한 시대를 직면했으며 세상은 우리를 이 어둠에서 벗어나게 해줄 강력한 기도의 부흥이 필요하다. 밥 소르기는 기도 습관을 어떻게 길러야 하는지 정확히 가르쳐준다. 기도가 나의 습관이 된 지 35년이다. 이 책은 당신이 기도 습관을 기르는 놀라운 출발점이 될 것이다.

래리 스톡스틸 베다니교회 원로목사

이 책은 성령께서 친히 가르치시는 기도 학교로 당신을 인도할 것이다. 당신이 이 책을 통해 성령과 동행할 때, 성령께서 당신을 당신의 하나님 아버지와 나누는 새롭고 친밀한 교제로 인도하시길 바란다. 시작해볼 만한 여정이다.

카렌 휘튼 더 램프(The Ramp) 설립자

밥 소르기의 글은 가슴 뛰는 통찰과 실제적 적용이 어우러진다. 이 책은 사실상 누구나 기도생활을 시작할 수 있도록 적용 가능한 단계들을 제시한다. 이 시대에, 주님은 그리스도인의 삶에서 기도가 중심이라는 점을 강조하신다. 이 책이 주는 '20/20 챌린지'를 받아들이고 리셋 버튼을 눌러 시작하라!

마이크 비클 국제 기도의 집(IHOP) 디렉터

우리의 소중한 친구요 형제인 밥 소르기는 극심한 고난의 불 가운데서 글을 쓴다. 그래서 그의 글은 읽는 이들에게 생명을 불어넣는다. 이 책을 통해, 당신의 삶뿐 아니라 당신이 속한 세상의 역사에 영향을 미칠 기도의 주춧돌을 놓길 바란다.

루 잉글 더 콜(The Call) 공동설립자 겸 회장

갓 낳은 딸의 요람을 흔들며 이 책을 읽었고, 이 책에서 기도 리셋이 나 같은 여섯 아이의 엄마들에게도 가능하다는 것을 발견했다. 지난 20일 동안 나의 삶은 여전히 바쁘기 이를 데 없었지만, 나의 내면은 이 책에서 나를 부르시는 하나님의 초대로 새롭게 살아났다.

사라 해거티 《모든 쓴 것은 달콤하다(Every Bitter Thing is Sweet)》, 《보이지 않는 것(Unseen)》 저자

누구나 기도의 중요성을 인정하며, 모두가 의미 있는 방식으로 기도하길 원한다. 그러나 많은 사람이 기도라고 하면 왠지 어려워하고 겁을 내기까지 한다. 밥 소르기는 누구나 기도할 수 있음을 보여준다. 새롭게 시작하고 싶은가? 자신에게 호의를 베풀어 이 귀한 책을 읽어라!

안드레스 스파이커 마스비다교회 목사

차례

안전벨트를 조여 매라. 이제 당신의 영적 모험이 시작된다. 이 책이 예수 그리스도와 더욱 의미 있고 친밀한 관계를 향해 가는 당신의 여정을 인도해줄 것이다.

20일간 계속될 당신의 여정이 최고의 효과를 낼 수 있도록 다음 사항을 따라주기 바란다.

- 매일 리셋에 들어갈 때마다 성경, 노트, 펜을 챙겨라.

- 대부분의 장에서 당신은 성경 구절을 직접 쓰거나 성경에 일종의 표시를 하게 될 것이다. 이 책을 전자책으로 읽고 있다면, 전자책 단말기 곁에 종이 노트를 나란히 두길 바란다.

- ⏻ 이 아이콘은 잠시 멈춰 방금 읽은 내용을 깊이 생각해보라는 표시다.

- 책 맨 뒤에 그룹 토의를 위한 질문들을 실어두었다. 가능하면 당신의 기도리셋을 소그룹과 함께하라.

- 소셜 미디어를 이용하는 사람들을 위해 당신의 사진을 올리고 "나는 지금 #기도리셋(#PrayerReset) 중이에요"라고 태그를 달아도 좋겠다.

- PrayerReset.com에 접속해 이 책을 소개하는 영상을 확인하라.

전에 매일 기도 훈련을 하다가 그만둔 적이 있는가? 리셋 버튼을 눌러라. 하나님이 당신과 함께 계신다. 당신은 이제 하나님 앞에서 새로운 기쁨의 자리를 발견할 것이다!

기도 하고 싶은데

기도 를 어떻게 시작해야 할지 모를 때

갈망하라

Desire

의미 있고 한결같은 기도생활, 이것이 당신이 원하는 것
이다. 이것이 당신이 지금 이 자리에 있는 이유다. 당
신은 기도가 즐겁고, 상호적이며, 진심이 담기고, 활력
을 주며, 능력이 있음을 안다. 그리고 당신은 이런 기
도를 원한다. 이 모두는 그리스도를 향한 불타는 갈망
(desire, 바람)에서 시작된다.

　잠시 머릿속에 그림을 그려보라. 당신은 아주 조용한
곳에 숨어 있다. 문은 잠겼다. 의자는 편안하다. 머그잔
이 놓여 있고 옆에 성경이 펼쳐져 있다. 당신이 하루 중

가장 좋아하는 시간이다. 이제 당신은 가장 좋아하는 일을 시작한다. 가장 좋은 친구 예수님에게 얘기하는 것이다.

이야기는 정말이지 단순하다. 일상 언어로 말한다. 당신의 흠모와 감사와 헌신을 표현한다. 주제는 제한이 없다. 당신이 주님을 찬양하는 것에는 끝이 없다. 주님의 놀라운 구원, 주님의 장엄한 영광, 주님의 매력적인 성품, 주님의 무한한 자비 등등 무한하다. 주님은 당신의 영원한 거처다.

믿을 수 없게도 예수님이 친히 우리와 함께 앉아 자신의 임재를 확인해주신다. 우리가 그리스도의 보혈 아래 있을 때, 하나님 아버지께서 우리를 기쁘게 받으심으로써 우리를 놀라게 하신다.

우리는 말씀과 성령으로 씻음 받고 새롭게 된다. 우리가 성경을 묵상할 때, 사랑이 깨어난다. 우리의 영에 불이 댕겨지고, 우리의 몸이 살아나며, 우리의 혼이 회복된다. 친밀한 우정의 언어로, 우리는 그분에게 얘기하고 그분은 우리에게 얘기하신다. 이보다 좋은 게 있으랴!

이것이 우리가 원하는 것이다!

> 내가 여호와께 바라는 한 가지 일 그것을 구하리니 곧 내가
> 내 평생에 여호와의 집에 살면서 여호와의 아름다움을 바라
> 보며 그의 성전에서 사모하는 그것이라 시 27:4

시편 27편 4절에서 다윗은 가장 큰 바람을 말한다. 이것을 당신의 바람으로 삼아라. 이 구절을 이용해 당신의 마음에 자리한 바람을 표현하라.

기도하라

- 주님께 당신이 진정으로 원하는 게 딱 하나 있다고 말씀 드려라.
- 주님을 부지런히 찾으려는 당신의 갈망을 표현하라.
- 당신이 늘 주님의 임재 가운데 살고 싶다고 주님께 말씀 드려라.
- 주님의 아름다움을 보길 갈망하라.

• 주님의 뜻과 생각과 계획과 지혜를 구하라.

잠시 시간을 내어 이것들을 하나님께 표현하라. ☞

제자들이 기도하시는 예수님의 모습을 보았을 때 얼마나 감동했는지 보라.

예수께서 한 곳에서 기도하시고 마치시매 제자 중 하나가 여쭈오되 주여 요한이 자기 제자들에게 기도를 가르친 것과 같이 우리에게도 가르쳐주옵소서 예수께서 이르시되 너희는 기도할 때에 이렇게 하라 아버지여 이름이 거룩히 여김을 받으시오며 나라가 임하시오며 눅 11:1,2

예수님의 기도생활이 제자들에게 감동을 주었기에 제자들은 자신들에게도 기도를 가르쳐달라고 했다. 예수님은 이들의 요청에 곧바로 답하셨다. 예수님이 제자들에게 기도를 가르쳐주신 방식을 보면 기도가 그분에게 얼마나 중요했는지 알 수 있다.

기도하라

예수님의 기도생활이 얼마나 생생하고 규칙적이었는지 생각해보라. 제자들의 요청을 되풀이하라.

"주님, 제게도 기도를 가르쳐주십시오. 주님이 기도하셨던 것처럼 그렇게 기도하게 해주십시오." ☺

펜을 집어라. 당신이 꿈꾸는 기도생활은 어떤 것인가? 주님의 도움을 구하면서 당신이 꿈꾸는 기도생활을 글로 표현하라. 앞으로 20일 동안 무슨 일이 일어나길 바라는지 분명하게 적어라.

내가 기도리셋을 통해 꿈꾸는 기도생활은 무엇인가?

_____

_____

_____

_____

다윗이 바랐던 '한 가지 일'(one thing)이 바울이 바랐던 '한 가지 일'(한 일)이기도 했다. 이것을 다음 구절에서 볼 수 있다.

내가 그리스도와 그 부활의 권능과 그 고난에 참여함을 알고자 하여… 오직 한 일(one thing) 즉 뒤에 있는 것은 잊어버리고 앞에 있는 것을 잡으려고 빌 3:10,13

바울의 마음을 온통 사로잡은 바람은 그리스도를 아는 것이었다. 이런 까닭에 바울은 기도했고, 이런 까닭에 우리도 기도한다. 우리가 그 무엇보다 열망하는 한 가지 일은 예수님을 더 아는 것이다.

기도하라
- 당신이 지속적인 기도생활을 얼마나 간절히 원하는지 그분께 말씀드려라.
- "예수님, 주님을 알기 원합니다."

- 이 일을 끝까지 해내기에는 당신의 힘이 너무 약하다는 사실을 고백하라.
- 당신이 그분의 힘을 온전히 의지한다는 것을 표현하라.
- 도움을 얻기 위해 그분의 은혜를 구하라!
- 당신의 마음에서 거룩한 갈망이 더욱 뜨겁게 타오르게 해주시길 구하라.
- 당신의 경주를 위해 은혜를 받으라.

기도생활의 초석은 갈망이다. 그분의 은혜로 예수님은 당신에게 기도를 향한 불타는 갈망을 주신다. 오늘도 멋진 하루가 되길!

당신의 기도를 기록해보세요.

결심하라

Decide

되새김 어제 우리는 우리가 갈망하는 '한 가지 일'이 무엇인지 확인했다. 그리스도를 아는 것이다. 그리스도와 교제하려는 불같은 갈망이 꺼지지 않고 하루하루 더 뜨거워지길 바란다.

인간의 의지는 우리의 가장 귀한 소유물 중 하나다. 하나님은 우리에게 결심하는 능력을 주셨다. 우리의 결심이 우리의 삶과 운명의 방향을 결정한다.

당신의 결심이 지금껏 당신의 살아온 방향을 어떻게

결정했는지 생각해보라. 신앙, 대학, 직장, 결혼, 자녀, 교회, 친구…. 단순한 결정 하나가 모든 것을 바꿔놓을 수 있다. 마찬가지로 하나님께 순종하겠다는 거룩한 결심은 하나같이 우리의 삶을 크게 바꿔놓는다.

한결같은 기도생활은 계산되고 용감무쌍한 결심에서 시작된다. 당신이 오늘 하는 기도의 결심이 당신의 운명이 나아가는 방향을 결정할 수 있다.

그런데 기도하겠다는 결심이 매우 중요하지만, 의지력만으로는 부족하다. 기도가 생활이 되려면 우리의 결심과 하나님의 도움이 필요하다. 우리가 이 결심을 실행에 옮기려면 하나님의 은혜가 필요하다. 바울은 다음 구절에서 이 부분을 지적했다.

항상 복종하여 두렵고 떨림으로 너희 구원을 이루라 너희 안에서 행하시는 이는 하나님이시니 자기의 기쁘신 뜻을 위하여 너희에게 소원을 두고 행하게 하시나니 빌 2:12,13

기도리셋에는 우리의 일과 하나님의 일 둘 다 필요하다. 우리가 기도리셋을 해나갈 때 하나님이 그 가운데 일하신다. 우리의 결심과 하나님의 은혜가 어우러져 구체적인 변화를 낳는다.

삶을 바꿔놓을 선택이 당신 앞에 있다. 하나님의 은혜로 기도생활이 몸에 배게 하겠다고 결심하라. 당신은 실험을 하거나 그냥 한번 해보는 게 아니다. 당신은 모든 것을 쏟아붓고 있다.

당신은 돌아갈 다리를 불태우고 마음을 하나님께 내어 맡기고 있다. 하나님이 당신을 도우실 것을 알기 때문이다. 당신의 결심은 확고하다. ⏻

기도리셋 때 인쇄된 성경을 사용하길 바란다. 그러나 전자책 형태의 성경이 종이 성경보다 당신에게 더 맞는다면 그것을 사용해도 좋다. 이 책은 개역개정판을 사용하지만, 당신에게 가장 맞는 번역을 선택하라. 이제 시편 20편을 펴라.

시편 20편을 한 절씩 천천히 읽으면서 그때마다 드는 생각을 조용히 하나님께 말씀드려라. 그런 후에 4절 또는 가장 인상 깊은 구절을 다음 빈칸에 쓰라.

기도하라

이 구절과 이것이 당신에게 의미하는 바를 잠시 묵상하라. 그리고 그것을 주님께 말씀드려라. ⏻

기도리셋 기간 내내 매일 시편, 복음서, 서신서를 읽을 것이다. 이런 습관이 당신의 삶에 배어들길 바라기 때문이다. 오늘은 지금까지 바울 서신과 시편을 각각 한 곳씩 읽었으니 이제 복음서 한 곳을 읽을 차례다. 예수님의 말씀을 보라.

> 한 가지만이라도 족하니라 마리아는 이 좋은 편을 택하였으니 빼앗기지 아니하리라 하시니라 눅 10:42

마리아는 무엇을 선택했는가? 마리아는 예수님의 발 앞에 앉아 그분의 말씀을 듣는 쪽을 선택했다. 마리아는 모두의 저녁 식사를 준비하는 일을 도와야 한다는 압박감에 굴복하지 않았다. 마리아는 예수님의 말씀을 듣는 기회를 놓치려 하지 않았다.

예수님은 "한 가지만이라도 족하니라"라고 말씀하셨다. 그분의 말씀을 듣고 간직하는 일이었다. 우리가 그분 앞에 앉아 그분의 말씀을 듣고 그분에게 얘기하기로 결심할 때, 이것이 우리에게 가장 필요한 일이라는 주님의 생각에 동의하는 것이다.

기도하라

20일 동안 성경을 보고 그 무엇도 빼앗아갈 수 없는 지혜를 달라고 주님께 기도하라. ⏻

자신을 하나님께 새롭게 드리기로 결심했는가? 그렇다면 당신은 다음 약속에 서명하도록 초대받았다.

기도하라

예수님의 부르심에 "예"라고 답하라. 당신의 바람과 본심을 표현하라. 당신의 20분이 다할 때까지 바로 이 자리에 머물라. 참된 제자로서 그분을 따르도록 도와달라고 기도하라. #기도리셋(#PrayerReset)이라고 해시태그를 달아 당신의 결심을 친구들에게 알려도 좋겠다.

당신의 하루가 거룩한 결심으로 특징지어지기를!

하나님께 드리는
20일간의 약속

—

이제 나는 하나님의 은혜로

앞으로 20일 동안

매일 적어도 20분간 은밀한 곳에서

예수님과 함께하는 시간을 가질 것을

결심합니다.

서명 _____

날짜 _____

당신의 기도를 기록해보세요.

20 WAYS TO A CONSISTENT
PRACTICE LIFE

PRAYER LIFE

앞으로 나아가라

Reach

되새김 어제 우리는 20일 동안 매일 20분씩 기도 시간을 갖기로 결심했다. 당신이 20일간의 일정을 주님의 은혜로 잘 마치기로 결심했음을 주님께 말씀드려라.

당신의 결심이 확고하더라도 이미 도전 받고 있을 법하다. 주의를 산만하게 하는 일이나 유혹이나 좌절을 겪지 않았는가? 이것들은 모두가 공통으로 경험하는 일이다.

우리의 원수는 우리가 과거에 했던 실패에 초점을 맞

춘다. 그놈은 우리가 기도하길 원치 않으며, 그래서 우리가 과거에 기도하려다 실패했던 일들을 하나하나 끄집어내어 어떻게든 우리를 주저앉히려 든다.

기도리셋이 헛수고가 되지 않을까 걱정되고 불안한가? 그렇다면 다음 구절을 보라.

> 형제들아 나는 아직 내가 잡은 줄로 여기지 아니하고 오직 한 일 즉 뒤에 있는 것은 잊어버리고 앞에 있는 것을 잡으려고 푯대를 향하여 그리스도 예수 안에서 하나님이 위에서 부르신 부름의 상을 위하여 달려가노라 빌 3:13,14

기도생활이 몸에 배도록 앞으로 나아가라. 정면을 보고 하나의 목표에 시선을 고정하라. 목표는 기도생활이 몸에 배는 것이다. 온 마음을 다해 기도하고 앞으로 나아가라.

과거의 모든 실패에 대해 삭제 버튼을 눌러라. 과거에 경건의 시간을 갖다가 흐지부지되었는가? 삭제 버튼을 눌러라. 과거에 훈련을 받지 못했고 결단력도 부족했는가? 삭제 버튼을 눌러라. 과거에 그 무엇이 끈질기게 당신을 방해했는가? 삭제 버튼을 눌러라. 당신의 뒤에 있는 것들을, 긍정적인 것들과 부정적인 것들을 잊겠다고 결심하라. 하나님의 은혜로 모두 삭제하라.

리셋 버튼을 누르고 온 마음을 다해 앞으로 나아가라. 예수님은 당신에게 맞는 기도생활을 준비해두셨고 당신이 그것을 보도록 도우신다. 예수님이 이렇게 하실 수 있는 이유가 있다. 당신이 스스로 볼 수 없는 것을 향해 나아가지는 않으리라는 것을 아시기 때문이다.

기도하라
빌립보서 3장 13,14절을 읽고, 이 구절로 몇 분 정도 기도하라. 하늘에 계신 아버지께 당신이 과거를 잊고 한결같은 기도생활을 향해 나아가도록 도와달라고 예수님의 이름으로 기도하라. ⏻

자비 구하기는 강력한 기도다. 자비란 무엇인가? 우리로 우리 자신을 거슬러 바른 방향으로 가게 하시는 하나님의 인자하심이다. 당신이 기도생활의 새로운 탄력을 구하며 앞으로 나아갈 때, 하나님의 자비가 당신을 감싸고 당신에게 힘을 준다. 자비란 지금 이 시간이 새롭다는 뜻이다!

자비를 구하며 앞으로 나아갈 때, 다음 구절을 묵상하라.

여호와여 나의 발이 미끄러진다고 말할 때에 주의 인자하심이 나를 붙드셨사오며 시 94:18

여호와는 자기를 경외하는 자들과 그의 인자하심을 바라는 자들을 기뻐하시는도다 시 147:11

기도하라

두 구절을 놓고 주님께 잠시 얘기하는 시간을 가져라. 과거에 실족한 경험이 있다면 자비를 구하라. 당신이 주님의 도움을 얼마나 의지하는지 말씀드려라.

이제 지속적인 기도생활을 향해 나아가게 해주신 주님께 감사하라. ⏻

우리 주 예수님의 초대를 보라.

> 아무든지 나를 따라오려거든 자기를 부인하고 날마다 제 십자가를 지고 나를 따를 것이니라 눅 9:23

당신은 단순히 새로운 기도 습관이 아니라 예수님을 향해 나아가는 것이다. 당신은 그분을 보길 원하고, 그분을 알길 원하며, 그분 곁에 가까이 가길 원하고, 그분을 붙잡길 원한다. 예수님의 십자가가 당신을 깨웠고, 이제 당신은 그분의 사랑으로 채워지길 갈망한다.

기도하라

그분의 부르심에 "예"라고 대답하라. 당신이 그분을 따르길 얼마나 간절히 원하는지 말씀드려라. 당신의 20분이 끝날 때까지 누가복음 9장 23절을 두고 기도하라.

"하늘에 계신 아버지, 제가 새롭게 기도를 시작할 수 있게 하시니 감사합니다. 과거에 겪은 모든 실패에 등을 돌리고 당신의 높은 부르심을 향해 나아갑니다. 제 속에 기도를 향한 갈망이 나날이 커지게 해주십시오. 예수님, 당신만 따르고 절대 뒤돌아보지 않겠습니다. 오직 앞으로 나아가겠습니다. 아멘."

뒤에 있는 모든 것에 대해 삭제 버튼을 누르고 그분의 더 많은 것을 향해 앞으로 나아가라.

당신의 기도를 기록해보세요.

싸워라

Fight

되새김 어제 우리는 과거에 기도하려다 실패한 일들을 모두 뒤로하고 하나님이 우리에게 요구하시는 기도생활을 향해 '앞으로 나아가기로' 결심했다. 한 번 더, 온 마음을 다해 앞으로 나아가라.

산만하게 하는 것들이 기도를 막는 가장 일반적인 방해물이다. 우리가 기도하기로 결심할 때, 세상 모든 것이 손을 잡고 우리의 주의를 다른 데로 돌리려는 것처럼 보인다. 당신은 자신의 기도생활을 위해 전쟁 중이다. 그러므로 촉구하건대 산만하게 하는 것들을 제거하라. 지금 곧바로 결정하라.

당신의 주의를 기도에서 떼어놓으려는 것은 그게 무엇이든 당신의 원수다. 전쟁을 선포하라. 산만하게 하는 모든 것에 공격 태세를 취하라.

1일에 인용한 시편 27편 4절에서 다윗은 자신의 바람은 오직 하나, 평생 하나님 앞에 사는 것이라고 했다. 그러나 나는 이 구절의 앞뒤 구절이 전쟁을 언급한다는 사실을 지적하고 싶다. 시편 27편 4절에 이어지는 구절은 다음과 같다.

여호와께서 환난 날에 나를 그의 초막 속에 비밀히 지키시고 그의 장막 은밀한 곳에 나를 숨기시며 높은 바위 위에 두시리로다 이제 내 머리가 나를 둘러싼 내 원수 위에 들리리니

시 27:5,6

기도는 사방이 전쟁터다. 기도의 자리는 싸움이 끊이지 않기 때문이다. 당신의 원수는 당신이 기도하길 원치 않는다.

기도하라

당신의 영이 패기로 넘치도록 하나님께 전쟁의 영, 전투의 영을 구하라. 당신의 기도생활을 방해하는 것은 무엇이든 물리치고 극복하기 위해 은혜를 받아라.

이것은 전쟁이다. 싸울 힘을 구하라. ☾

싸움터로 나가자. 바울은 에베소서 6장에서 신자의 싸움을 말하면서, 마귀의 간계에 맞설 수 있도록 하나님의 전신갑주를 입으라고 촉구했다. 그는 우리에게 "진리로 허리띠를 띠고 의의 호심경을 붙이고 평안의 복음이 준비한 것으로 신을 신고 모든 것 위에 믿음의 방패를 가지라"고 했다(엡 6:14-16). 그런 후, 바울은 다음과 같은 권면으로 이 단락을 마무리했다.

구원의 투구와 성령의 검 곧 하나님의 말씀을 가지라 모든 기
도와 간구를 하되 항상 성령 안에서 기도하고… 엡 6:17,18

바울에 따르면 하나님의 전신갑주를 입는 목적은 '기
도하기 위해서'다. 기도에는 싸움이 따른다. 기도에서
이기려면 먼저 전투 복장을 갖춰야 한다.

예수님은 우리와 마귀의 싸움을 이렇게 말씀하셨다.

길가에 있다는 것은 말씀을 들은 자니 이에 마귀가 가서 그들
이 믿어 구원을 얻지 못하게 하려고 말씀을 그 마음에서 빼앗
는 것이요 눅 8:12

예수님은 우리에게 기도하라고 명하셨으나 마귀는 우
리를 산만하게 하는 것들을 활용해 우리에게서 기도생
활을 훔치려 한다(눅 8:14을 보라).

당신을 산만하게 함으로써 기도에 집중하지 못하게
하는 것들은 무엇인가? 컴퓨터, 전화, 허드렛일, 바쁜 스
케줄, 소셜 미디어, 텔레비전 같은 것들일 수 있다.

잠시 시간을 내어 당신이 기도에 집중하지 못하게 하는 것들을 적어보라.

_____

_____

기도하라

당신을 산만하게 함으로써 기도에 집중하지 못하게 하는 이런 것들과 맞서 싸울 구체적 전략을 하나님께 구하라. 하나님이 당신에게 전략을 주시면 아래 빈칸에 적어라. 아주 구체적으로 적어라. ⏻

하나님의 은혜로 나를 산만하게 하는 것들 하나하나와 어떻게 싸우겠는가?

_____

_____

개인적으로 기도하는 나를 크게 산만하게 하는 것들 중 하나는 내가 해야 하는 새로운 일이 자주 생각난다는 것이다. 이런 생각이 들면 머릿속은 온통 그 일로 채워지기 시작한다. 나는 다음과 같은 방식으로 이렇게 나를 산만하게 하는 것과 싸우는 법을 배웠다.

나의 은밀한 곳에 들어갈 때, 노트와 펜을 가져간다. 내가 해야 할 일이 생각나면 노트에 기록한다. 이제 나는 내가 그 일을 해야 한다는 사실을 잊지 않으리라는 것을 안다. 이러한 확신은 나를 산만하게 하는 생각을 한쪽으로 치워두고 기도로 돌아오는 데 도움이 된다.

기도하라

남은 시간을 활용해 당신이 궤도를 가장 크게 이탈하게 하는 것들에 관해 주님께 말씀드려라. 이것은 전쟁이다! 성실한 기도생활을 위해 맹렬히 싸울 수 있도록 성령께 도움을 구하라. 하나님의 은혜로 우리는 이긴다. 주님 안에서 기뻐하라!

당신의 **기도**를 기록해보세요.

기도 자리를 찾아라

Place

되새김 어제는 전투적이었다. 우리는 기도의 초점을 흐리려는 모든 것과 싸우기로 결심했다. 당신은 바로 지금 당신을 산만하게 하는 하나하나와 싸우기 위해 무엇을 하고 있는가? 당신을 산만하게 하는 것들과 벌이는 전쟁에서 이기도록 도와달라고 주님께 다시 한번 기도하라.

오늘은 당신의 '기도 장소'를 점검해보겠다. 기도 장소가 우리가 지금 하고 있는 기도리셋의 성공에 매우 중요하기 때문이다. 예수님은 개인 기도의 장소에 대해 다음과 같이 생생하게 말씀하셨다.

> 너는 기도할 때에 네 골방에 들어가 문을 닫고 은밀한 중에 계신 네 아버지께 기도하라 은밀한 중에 보시는 네 아버지께서 갚으시리라 마 6:6

예수님의 조언은 무엇인가? 당신의 기도생활을 외진 자리라는 반석 위에 세우라는 것이다. 당신이 다른 사람들에게서 물러나 문을 닫고 당신의 아버지와 개인적인 시간을 보낼 수 있는 공간을 물색하라.

예수님은 아버지 앞에 나아가는 확실한 방법을 알려주셨다. 예수님은 아버지께서 '은밀한 중에'(in the secret place) 계신다고 하셨으며, 우리가 문을 닫을 때 즉시 그분과 함께한다고 하셨다. 즉각적 친밀함이다. 당신이 아버지를 만나기 위해 해야 할 일은 문을 닫는 것뿐이다.

예수님의 경우, 다른 사람들에게서 물러나 혼자 있을

공간이 없었다. 그래서 밖으로 나가 "한적한 곳으로 가
사 거기서 기도하셨다"(막 1:35). 이것이 "문을 닫으라"
는 말의 숨은 뜻이다. 예수님의 말씀은 우리가 한적한
곳을 찾아야 한다는 뜻이었다.

시편 91편은 하나님을 만나는 이러한 장소를 아주 멋
지게 말한다. 시편 91편 1절을 여기에 쓰라.

당신과 아버지 간의 이러한 지속적 관계는 은밀한 기
도의 자리로 물러나는 데서 시작되지만, 우리가 하루 종
일 그분과의 관계에서 동일한 친밀감을 유지할 때 결코
중단되지 않는다. 그분은 온종일 그분 앞에 사는 비법
을 우리에게 알려주길 원하신다.

기도하라

당신의 은밀한 장소가 어디인지 보여달라고 하나님께 기도하라. 지금 곧바로 생각나는 장소가 없다면 주님이 그런 장소를 알려주실 때까지 이곳에 머물러라. 당신의 집에 있는 어느 방인가? 당신의 자동차 안인가? 야외인가? ⏻

당신이 20일간 기도리셋을 하면서 기도하기로 결심한 구체적인 장소를 적어라.

나의 은밀한 기도 장소는 어디인가?

_____

_____

기도하라

당신이 매일 자신만의 한적한 장소에 갈 수 있게 도와달라고 잠시 기도하라.

당신의 자동차가 훌륭한 기도 장소일 수 있다. 그러나 기도리셋 중에 운전대를 잡지는 말라. 주차한 다음 기도하라. 그런 후, 운전을 하면서 계속 기도하라.

쉬지 말고 기도하라 살전 5:17

이 짧은 구절이 성경 전체에서 가장 큰 도전을 주는 구절 중 하나다. 또한 가장 놀라운 구절 중 하나이기도 하다. 왜냐하면 이 구절은 주님께서 그분과 나누는 지식적 대화, 너무나 의미 있기에 절대 멈추지 않는 대화가 가능하게 하셨음을 보여주기 때문이다.

20분의 기도리셋에서 일어나는 일이 20분이 끝났다고 멈추는 게 아니다. 오히려 우리의 하루에서 나머지 시간 내내 계속될 일에 불을 지핀다.

이 짧은 구절은 하나님을 향한 고귀한 마음을 가진 모든 신자의 큰 열망이다. 우리 모두는 24시간 내내 그치지 않고 생생하게 살아 있는 기도생활을 원한다.

매일 당신의 기도 장소에 가는 게 아주 지혜롭다. 이렇게 하면 당신이 쉼 없는 기도를 평생의 목표로 삼는 데 도움이 된다.

"주 예수님, 매일 나의 은밀한 곳에서 당신을 만나도록 도와주세요. 그곳에서 일어나는 일이 내가 일상에서 하는 모든 일을 물들이게 해주세요."

오늘도 당신의 하루가 예수님과 함께하는 환상적인 날이 되길!

당신의 **기도**를 기록해보세요.

_____

_____

_____

_____

_____

_____

_____

_____

_____

_____

_____

_____

_____

_____

기도 시간을 정하라

Clock

되새김 어제 우리는 20일 동안 기도할 장소를 살펴보았다. 당신은 바로 지금 그 장소에 있다. 당신이 구체적인 기도 장소를 찾고, 문을 닫으며, 그곳에 사랑하는 그분과 함께 있으라는 주님의 명령에 순종했다고 주님께 말씀드려라.

오늘은 하루 중 '언제' 기도해야 하는지 살펴보겠다. 새로운 습관을 기를 때, 핵심은 꾸준함이다. 그러므로 가능하다면 20일 동안 매일 같은 시간에 기도하길 바란다. 매일 같은 시간에 같은 장소를 찾아가라. 또는 최대한 여기에 근접하도록 노력하라. 이렇게 하면 당신의 기도리셋이 뿌리를 내릴 절호의 기회를 갖게 될 것이다.

복음서 저자들에 따르면 예수님은 대개 밤이나 이른 아침에 기도하셨다.

> 새벽 아직도 밝기 전에 예수께서 일어나 나가 한적한 곳으로 가사 거기서 기도하시더니 막 1:35

기도를 가르치는 많은 사람이 아침에 일어나 다른 일을 시작하기 전에 먼저 기도하라고 권한다. 이것은 우리의 하루에서 예수님을 맨 앞에 두는 가시적 방법이다. 십일조를 한다면 하나님을 우리의 재정에서 맨 앞에 두는 것이다. 아침에 기도한다면 우리의 스케줄에서 그분을 맨 앞에 두는 것이다.

그런데 어떤 사람들은 아침형 인간이지만 모든 사람이 다 아침형 인간은 아니다. 그러므로 기도 시간을 당신의 하루에서 자동적으로 맨 앞에 둘 필요는 없다. 그보다는 당신의 하루에서 '가장 좋은' 자리에 두길 바란다.

당신의 생체 시계가 돌아가는 리듬을 살펴보라. 대부분의 사람들은 하루 중 가장 활력이 넘치고 집중력이 뛰어나며 창의력이 발휘되는 시간이 있다. 당신의 하루 중 가장 좋은 시간은 언제인가?

하루 중 내가 가장 초롱초롱한 시간은 언제인가?

_____

_____

기도하라

당신의 하루 중 가장 좋은 시간을 구별하여 주님께 드려라. 당신의 삶에서 다른 모든 부분과 마찬가지로, 그 시간도 주님의 것이라고 말씀드려라. ☾

시편 63편을 보면 다윗이 아침형 인간이었다는 인상을 준다.

오 하나님이여, 주는 나의 하나님이시니이다. 내가 일찍 주를 찾되 물이 없어 마르고 메마른 땅에서 내 혼이 주를 갈망하며 내 육체가 주를 사모하오니 시 63:1, 흠정역

다윗은 '일찍'(early) 하나님을 찾기로 결심했다. 하나님을 일찍 찾는다는 것은 내게 세 가지를 의미한다.

첫째, 내 삶에서 일찍, 내가 젊을 때 하나님을 찾아야 한다. 둘째, 고난과 시련의 초기 단계에서 그분을 찾아야 한다. 셋째, 하루 중 일찍 그분을 찾아야 한다.

기도하라

시편 63편 1절로 잠시 기도하라. 당신이 주님을 얼마나 갈망하는지 그분께 표현하라.

"내가 일찍 주를 찾겠습니다." ☾

다음은 오늘 읽을 서신서의 한 구절이다.

그러므로 너희 마음의 허리를 동이고 근신하여⋯ 벧전 1:13

"마음의 허리를 동인다"는 말은 효과적으로 기도하고 하나님을 섬길 수 있도록 마음의 가장 좋은 에너지를 모은다는 뜻일 것이다. 우리의 가장 좋은 정신 에너지는 흔히 하루 중 특정 시간에 솟구친다.

당신의 하루 중 가장 좋은 시간을 다시 적어라.

당신이 하루 중 그 시간에 늘 하는 일을 적어라.

_____

_____

_____

_____

이제 과제가 주어진다. 어떻게 하면 하루 중 그 시간을 20분간의 기도리셋에 배정할 수 있는가? 이렇게 하려면 당신이 어느 정도나 영적 강제력을 행사해야 하는가? 당신이 정신적으로 가장 맑을 때 방해 받지 않는 기도 시간을 갖는 게 이상적이다.

기도하라

어떻게 하면 이렇게 할 수 있는지 주님께 물어라. 당신의 일정을 어떻게 조정하면 당신의 하루 중 가장 좋은 시간에 당신의 은밀한 곳에 머무를 수 있는가? 매일 같은 시간에 이렇게 하는 게 가능하지 않다면 가능한 가장 일관된 선택은 무엇인가? 하루 중 당신의 일정이 허락하는 가장 좋은 시간을 주님이 보여주신다면 당신의 결심에 못을 박아라.

20일간의 기도리셋 기간에 하나님의 은혜로 하루 중 다음 시간을 나의 기도 시간으로 정하기로 결정한다. (당신은 얼마나 구체적으로 시간을 정할 수 있는가?)

_____

_____

_____

_____

내일 특정 시간에 기도하겠다고 오늘 밤 엄숙하게 결정하라. 내가 오늘 밤에 하는 일이 내일 할 수 있는 일을 결정하기 때문이다.

내일 정한 시간에 맑은 정신으로 하나님과 함께하려
면 오늘 밤 일찍 잠자리에 들어야 한다.

이 20분을 매일 당신이 정한 시간에 가질 수 있도록
주님께 은혜를 구하라. 그리고 내일 그 시간을 지켜라!

당신의 기도를 기록해보세요.

_____

_____

_____

_____

_____

_____

_____

_____

_____

_____

_____

_____

_____

회개하라

Repent

되새김 어제 당신은 기도리셋을 시작할 시간을 구체적으로 선택했다. 그 시간이 바로 지금이길 바란다. 당신은 자신의 하루 중 가장 좋은 시간에 기도 시간을 갖고 있다. 정말 멋지다!

우리가 성경을 묵상할 때, 진리의 성령께서 우리에게 도전을 주신다. 진리의 성령은 죄에 대해 죄책감을 갖게 하여 우리가 회개하게 하신다.

예수님이 그 시대 사람들에게 가장 먼저 하신 요구는

회개하라는 것이었으며(막 1:15), 지금 우리에게도 가장 먼저 요구하고 계신다.

회개는 내면에서 일어나는 지진이다. 모든 그리스도의 제자에게 해당하는 정기적이고 지속적인 훈련이다. 회개의 기본 개념은 '변화'다. 회개는 "아니오"라고 말하는 동시에 "예"라고 말한다. 회개는 그리스도께서 우리에게 드러내시는 죄악 된 행동에 "아니오"라고 말하고, 그분이 우리에게 요청하시는 새로운 행동과 태도에 "예"라고 말한다. 회개할 때 우리는 우리가 호흡이 있는 한 변화되어야 한다는 것을 깨닫는다.

회개는 흔히 하나님을 좀 더 본 데 대한 반응이다. 예를 들면, 예수님은 호수에서 고기를 잡는 제자들에게 깊은 곳에 그물을 던지라고 말씀하셨다. 제자들은 밤새 그물을 던졌음에도 한 마리도 잡지 못했지만, 그리스도의 말씀에 순종했다. 이들이 순종해 그물을 던지자 곧바로 그물이 찢어질 만큼 많은 물고기를 잡았다. 베드로의 반응은 회개였다(눅 5:8).

베드로는 그리스도의 영광을 보았을 때 자신이 얼마

나 죄로 가득한지 깨달았다. 우리에게도 같은 일이 일어난다. 그리스도께서 그분의 위엄을 우리에게 새롭게 보여주실 때 회개는 우리의 자연스런 반응이다.

기도하라

주님을 보게 해달라고 기도하라. 그리스도의 탁월함을 드러내는 더 큰 계시를 원하는 마음의 부르짖음을 표현하라. ☉

제자는 그리스도에게 숨기는 비밀이 없다. 가룟 유다는 자신의 좀도둑질을 예수님에게 숨겼는데, 이것은 그가 참 제자가 아니었다는 뜻이다. 참 제자는 자기 영혼을 살피는 구원자에게 문을 활짝 연다.

다윗이 어떻게 기도했는지 보라.

하나님이여 나를 살피사 내 마음을 아시며 나를 시험하사 내 뜻을 아옵소서 시 139:23

다윗은 하나님이 자기 마음의 어두운 구석을 낱낱이 아시길 원했다. 다윗은 숨겨진 부분을 자신이 결코 극복할 수 없음을 알았다. 우리가 우리의 죄를 인정할 때, 은혜가 즉시 우리에게 힘을 주어 우리로 그 죄에서 돌이켜 사랑의 순종으로 예수님을 향하게 한다.

기도하라
잠시 다윗의 놀라운 기도로 기도하라.

"나를 살피사 내 마음을 아옵소서."

당신의 구원자에게 절대 아무것도 숨기지 않겠다고 결심하라. 당신이 회개와 변화가 늘 당신의 친구가 되길 얼마나 간절히 원하는지를 표현하라. 그 무엇도 우리를 살피시는 그분의 눈길을 피할 수 없다. ☾

회개의 요소 중 하나는 마음의 변화다.

너희는 이 세대를 본받지 말고 오직 마음을 새롭게 함으로 변화를 받아 하나님의 선하시고 기뻐하시고 온전하신 뜻이 무엇인지 분별하도록 하라 롬 12:2

우리가 진리인 하나님의 말씀이 우리의 사고방식을 바꾸도록 허용할 때, 우리의 마음이 새로워진다. 가장 좋은 변화는 안에서 밖으로 일어나며, 마음에서 시작된 후 행동으로 나타난다.

기도하라

로마서 12장 2절을 잠시 묵상하라. 이 구절을 이해할 수 있게 지혜를 구하라.

"주님, 제 마음을 변화시켜주십시오. 그리하여 제가 더는 세상처럼 생각하지 않게 해주십시오. 주님처럼 생각하고 싶습니다. 주님의 선하고 온전하신 뜻을 제게 보여주십시오." ⏻

성령께서 최근에 회개하라며 당신을 자극하시는 일이 있는가? 있다면 성령께서 당신에게 변화를 촉구하시는 일을 아래 빈칸에 적어라. 또는 성령께서 최근에 당신이 변하도록 도우신 일을 적어라.

_____

_____

_____

_____

이제 당신의 기도 장소를 떠날 때 이런 기도를 드려라.

"예수님, 당신의 말씀을 묵상하면서 무엇이든 버려야 하는 것에서 돌아서겠다고 다짐합니다. 당신의 은혜로 회개하는 삶을 살도록 도와주십시오. 주님, 사랑합니다."

당신의 기도를 기록해보세요.

20 WAYS TO A CONSISTENT
P R A Y E R   L I F E

씻음을 받으라

Cleanse

되새김 어제 우리는 회개의 삶을 살기로 결심했다. 우리는 예수님에게 우리 마음의 구석구석을 살피시도록 요청했다. 다시 한번 주님께 구하라. "주님, 내 마음을 아시길 원합니다."

회개에는 씻음이 뒤따른다. 신자들이 씻음 받는 한 방법은 성경이 그리스도의 피 뿌림이라고 부르는 것이다 (히 12:24; 벧전 1:2). 이것은 우리 문화에 익숙한 언어가 아니므로, 성경에서 어떤 의미인지 설명하겠다.

'뿌림'(sprinkling)이란 개념은 대제사장이 손가락을 제물의 피에 담갔다가 제단, 제사장, 백성, 속죄소(mercy seat) 같은 다양한 대상에 뿌리던 구약 시대에서 유래했다. 이 행위는 예수님의 십자가를 가리킨다. 이제 예수님이 갈보리에서 친히 흘리신 피를 우리에게 뿌려 우리를 씻기신다(계 1:5). 예수님의 피는 전 우주에서 가장 강력한 세제다. 오직 예수님의 피만이 사람의 양심을 씻을 수 있다.

다음은 신약에서 예수님의 피로 뿌림 받음을 말하는 대표적인 구절이다.

우리가 예수의 피를 힘입어 성소에 들어갈 담력을 얻었나니… 우리가 마음에 뿌림을 받아 악한 양심으로부터 벗어나고 몸은 맑은 물로 씻음을 받았으니 참 마음과 온전한 믿음으로 하나님께 나아가자 히 10:19,22

둘이 우리의 죄를 고발한다. 하나는 우리의 양심이고 다른 하나는 사탄(고발자)이다. 하나가 멈추면 다른 하나가 나선다. 둘 다 그리스도의 피 뿌림으로 완전히 입이 닫힌다. 그리스도의 피가 우리의 양심을 아주 샅샅이 씻기에 우리는 실제로 깨끗하다고 느낀다. 하나님 앞에서 깨끗하다고 느끼는 것은 세상에서 가장 좋은 느낌이다!

사탄이 우리의 죄를 고발할 때, 예수님의 피가 그의 입을 막는다. 요한계시록 12장 10,11절은 우리가 어린양의 피로 고발자(참소하던 자)를 이긴다고 말한다. 그리스도의 피가 우리를 덮을 때 고발자는 입이 막힌다. 그리스도의 피가 그의 입을 막는다. 이것은 대단한 소식이다.

평생 한 번만 목욕을 해야 하는 게 아니듯이 평생에 단 한 번만 피 뿌림을 받아야 하는 게 아니다. 당신은 세상에서 더러워질 때마다 그리스도의 피로 씻음을 받을 수 있다. 우리 대부분에게 이것은 매일 씻음을 받을 수 있다는 뜻이다.

기도하라

이렇게 간단히 기도하라.

"예수님, 당신의 피를 내게 뿌려주십시오."

믿음으로 당신이 그리스도의 피 아래 있음을 보라. 이제 당신의 양심은 씻음 받았다. 당신은 정죄 받거나 고발당할 일이 없다. 다윗도 자신을 씻어달라고 기도했다.

우슬초로 나를 정결하게 하소서 내가 정하리이다 나의 죄를 씻어주소서 내가 눈보다 희리이다 시 51:7

우슬초는 유월절 어린양의 피를 문설주에 바르는 데 사용되었다(출 12:22). 그러므로 우슬초는 어린양의 피로 씻음을 상징했다. 다윗은 하나님이 씻어주시면 자신의 안팎이 모두 깨끗해진다고 확신했다.

기도하라

예수님의 피에 대한 확신을 표현하라. 이토록 놀랍게 준비하신 하나님께 감사하라. 모든 존귀와 찬양을 받

기에 합당하신 하나님의 어린양을 예배하라. 바로 지금 당신이 아주 깨끗함을 기뻐하라! ☽

예수님의 조언을 받아들여라.

너희는 먼저 그의 나라와 그의 의를 구하라 마 6:33

우리가 그리스도의 십자가를 믿을 때 하나님의 의가 우리에게 주어진다. 왜 예수님은 우리에게 무엇보다 먼저 의를 구하라고 하셨는가? 하나님의 의가 우리로 담대하게 은혜의 보좌에 나아갈 수 있게 해주기 때문이다. 예수님이 우리에게 무엇보다도 하나님의 의를 구하라고 하신 이유는 우리를 하나님과의 친밀한 관계로 이끌기 원하시기 때문이다.

그러므로 매일 그리스도의 피로 씻음 받고 하나님께 가까이 이끌리겠다고 결심하라. 이것이 우리가 하나님의 의를 구하고 갈보리의 희생을 존귀하게 여기는 방법이다.

잠시 멈춰라. 지금이 당신의 기도리셋에서 중요한 순간

이다. 당신은 당신과 하나님의 역사에서 한 획을 긋고 있다. 당신은 날마다 그리스도의 피 뿌림으로 씻음 받겠다고 결심하고 있다. 이것은 날마다 당신의 양심의 소리가 만족되고 고발자의 입이 막히리라는 뜻이다. 당신은 매일 아주 담대하게 하나님께 바싹 이끌릴 것이다. ⏻

☐ 이 상자에 체크함으로써 날마다 그리스도의 피로 뿌림을 받겠다는 거룩한 결심을 표시하라.

기도하라

당신이 매일 영적으로 씻음 받아야 함을 일깨워달라고 하나님께 기도하라. 당신이 하나님의 의를 지속적으로 구하겠다고 그분께 말씀드려라. 십자가를 통해 당신이 날마다, 24시간 내내 그분 앞에서 사는 길을 여신 하나님께 감사하라.

당신은 지금 당신의 아버지 앞에서 아주 깨끗하다. 오늘 당신이 하나님의 알현실에 있음을 기뻐하라!

당신의 기도를 기록해보세요.

9일

감사하라

Thanks

되새김 오늘, 당신의 양심을 씻어라.

"예수님, 당신의 피를 내게 뿌려주십시오."

그리스도의 피가 모든 고발을 잠재웠음을 기뻐하고

담대하게 하나님께 나아가라.

기도리셋에서 당신은 매일 주님 앞에 나오는 은혜를 새롭게 경험하고 있다. 주님은 우리가 그분께 나오길 간절히 원한다고 말씀하셨다. 다음은 하나님께 가까이 나아가는 가장 좋은 방법이다.

> 감사함으로 그의 문에 들어가며 찬송함으로 그의 궁정에 들어가서 그에게 감사하며 그의 이름을 송축할지어다 시 100:4

주님은 우리가 감사와 찬송으로 그분 앞에 나오는 것을 좋아하신다. 우리가 때로 괴로운 중에 주님 앞에 나와 상한 마음의 고통을 토로할 때, 주님은 절대 못 들은 체하지 않으신다. 그러나 더없는 절망에 처했을 때라도 우리의 첫 마디는 여전히 "주님, 감사해요"일 수 있다.

주님 앞에 나아갈 때, 감사와 찬송으로 나아가라. 너무나 깊은 낙담에 빠져 주님께 감사해야 할 일이 도무지 생각나지 않는가?

당신은 한동안 만나지 보지 못했던 사람을 만날 때, 대개 기쁨과 반가움의 인사를 건넨다.

"이렇게 다시 만나니 정말 기뻐요!"

당신의 첫 마디는 대개 "할 얘기가 있어요!"가 아니다.

하나님을 만날 때도 다르지 않다. 하나님은 대화를

여는 첫 마디가 감사와 찬송과 송축이길 원하신다.

기도하라

한번 해보라! 앞에서 인용한 시편 100편 4절이 하라
는 대로 해보라. 구체적으로 감사를 표현하고 하나님의
이름을 송축하라. 이것이 당신이 날마다 기도 시간을 시
작하는 완벽한 방법이다. ⏻

하나님의 이름을 찬양하라. 하나님의 모든 이름은 그
분의 성품과 속성을 놀랍게 표현한다. 개인적으로 나는
하나님의 위대하심을 네 방식으로 생각할 때 찬양의 언
어가 더 쉽게 나온다.

- 나는 하나님의 이름을 찬양한다(시 7:17).
- 나는 하나님의 말씀을 찬양한다(시 56:4,10).
- 나는 하나님이 행하신 일을 찬양한다(시 78:4).
- 나는 하나님의 능력을 찬양한다(시 21:13).

기도하라

잠시 이 네 방식을 활용해 하나님께 감사하고 그분을 찬양하라. 하나님의 위대하심을 드러내는 이 네 방식은 우리가 날마다 그분을 찬양하는 훌륭한 틀이다. ☼

예수님은 자신의 아버지께 자주 감사하셨다. 예를 하나 들어보겠다.

> 돌을 옮겨 놓으니 예수께서 눈을 들어 우러러 보시고 이르시되 아버지여 내 말을 들으신 것을 감사하나이다 요 11:41

요한복음 11장에서 예수님은 죽은 나사로를 다시 살리기 전에 감사하셨다. 예수님은 보리떡과 물고기를 나눠주시기 전에도 감사하셨고, 성만찬을 제정하기 전에도 감사하셨으며, 식사하기 전에도 감사하셨다. 예수님에게 감사는 대화를 여는 길이었다.

바울도 기도에 관해 가르치면서 감사의 중요성을 말했다.

아무것도 염려하지 말고 다만 모든 일에 기도와 간구로, 너희 구할 것을 감사함으로 하나님께 아뢰라 빌 4:6

소금이 음식에 더해지듯 감사가 기도에 더해진다. 소금을 넣지 않은 음식이라도 먹을 수는 있다. 그러나 소금은 음식을 훨씬 맛있게 한다. 이와 비슷하게, 우리가 감사하지 않은 채 기도하더라도 하나님은 우리의 기도를 받으실 것이다. 그러나 감사는 기도의 대화가 그분에게 더 큰 기쁨이 되게 한다.

구원, 용서, 받아들임, 자비, 은혜, 인자, 그분의 말씀, 그분의 이름, 그분이 행하신 일, 그분의 능력을 비롯해 우리가 감사해야 할 게 너무나 많다!

여기서 내가 건망증이 심하다는 걸 고백해야겠다. 나는 대부분의 시간에 하나님께 감사를 느낀다. 그렇더라도 실제로 그 느낌을 말로 표현하길 잊기 일쑤다. 감사는 입 밖으로 나와야 한다. 이런 까닭에 이것을 상기시켜주는 성경 구절이 내게 도움이 된다. 기도 시간을 시작할 때 감사와 찬양을 실제로 표현해야 한다는 것을 일깨워주는 구절이 필요하다.

기도하라

매일 찬양할 때 감사도 함께 표현해야 함을 기억할 방법을 주님께 구하라. 주님이 방법을 일러주시면 당신의 전략을 여기 적어라.

"주 예수님, 매일 기도생활에서 감사와 찬양이 내 일부가 되게 해주십시오."

이제 주님의 풍성한 자비에 감사하며 행복한 마음으로 하루를 시작하라!

당신의 기도를 기록해보세요.

성경으로 기도하라

P r a y R e a d

되새김 감사와 찬송으로 주님 앞에 나오라. 피 뿌림을 받은 후 감사를 드려라. 주님의 이름과 말씀과 행하신 일과 능력을 찬양하라.

성경에 나오는 기도에 대해 얘기해보자. 내가 말하는 '성경으로 기도하기'(#PrayRead)가 바로 이런 뜻이다. 성경으로 기도하기는 기도생활의 중심 기둥이다. 이것은 우리의 기도생활에 힘을 더하는 연료다.

당신은 우리가 기도리셋 내내 매일 성경으로 기도해왔음을 눈치챘을 것이다. 이제 이 부분을 파고들어가 그 잠재력을 극대화해보자.

예수님은 십자가에 달리셨을 때 이런 기도의 본을 보여주셨다. 예수님이 십자가에서 하신 일곱 말씀 가운데 셋은 시편에 나오는 말씀이었다. 예를 들면, 예수님은 십자가에 달리셨을 때 시편 22편 1절로 기도하셨다.

> 제구시에 예수께서 크게 소리 지르시되 엘리 엘리 라마 사박다니 하시니 이를 번역하면 나의 하나님, 나의 하나님 어찌하여 나를 버리셨나이까 하는 뜻이라 막 15:34

그러므로 성경을 읽을 때, 당신은 예수님의 본을 따르고 있는 것이다. ⏻

성경은 우리에게 기도의 언어를 제시한다. 많은 성경 구절이 하나님과 나누는 대화의 탁월한 발판이다. 성경에는 우리가 따라 읽으며 기도할 수 있는 다양한 구절이 있다.

사도들이 자신의 편지에 많은 기도를 써놓았으며, 이 것들은 성경으로 기도할 때 활용할 수 있는 탁월한 자원이다. 예를 들면, 다음은 우리가 아주 훌륭하게 활용할 수 있는 바울의 기도다.

이로써 우리도 듣던 날부터

너희를 위하여 기도하기를 그치지 아니하고 구하노니

너희로 하여금 모든 신령한 지혜와 총명에

하나님의 뜻을 아는 것으로 채우게 하시고

주께 합당하게 행하여 범사에 기쁘시게 하고

모든 선한 일에 열매를 맺게 하시며

하나님을 아는 것에 자라게 하시고

그의 영광의 힘을 따라 모든 능력으로 능하게 하시며

기쁨으로 모든 견딤과 오래 참음에 이르게 하시고

골 1:9-11

기도하라

오늘의 남은 시간은 이 구절로 기도하라.

첫째, 이 구절의 모든 것이 당신의 마음과 삶에서 작동하게 해달라고 하나님께 기도하라. 당신이 하나님의 뜻을 원하는 구체적인 상황들을 언급하라.

둘째, 당신이 오늘 기도하면서 축복해주고 싶은 사람을 생각해보라. 이름이 떠오르는가? 이제 앞에서 인용한 구절의 각 부분에 맞춰 이 사람을 위해 기도하라. 그 사람의 삶에서 필요한 것들이 무엇인지 안다면 기도할 때 그것들을 언급하라.

- 주님, ＿＿＿＿＿＿ (사람 이름) 이/가 당신의 뜻을 아는 지식으로 채워지게 하소서.

- 주님, ＿＿＿＿＿＿ 이/가 일터에서, 학교에서, 놀 때, 매일 매 순간 당신에게 합당하게 행하게 하소서.

- 주님, ＿＿＿＿＿＿ 이/가 모든 말과 행동에서 당신을 온전히 기쁘게 하게 하소서.

- 주님, ＿＿＿＿＿＿ 에게 힘을 주시어 선한 일에 열매를 맺게 하소서.

- 주님, ＿＿＿＿＿＿ 이/가 하나님을 아는 지식에서 자라게 하소서.

- 주님, ＿＿＿＿＿＿ 을/를 당신의 능력으로 채워 삶이 고통스러울 때라도 기뻐하며 믿음으로 견디게 하소서.

그 사람을 위해 골로새서 1장 9-11절로 기도하길 마쳤다면, 친구들 중에 다른 사람들을 위해 같은 기도를 하면 좋지 않겠는가? 이 강력한 구절을 활용해 사실상 당신이 아는 모두를 위해 기도할 수 있다.

이 구절을 활용해 대통령을 위해, 정치 지도자들과 사회 지도자들을 위해, 당신이 관심을 두는 그 어떤 공인을 위해서든 기도할 수 있다.

성경은 당신이 국가 지도자들을 위해 기도할 때 활용할 수 있는 구절로 넘쳐난다. 성경으로 기도할 때, 때로는 하나님이 당신더러 그분에게 말하라고 하신 그대로 그분에게 말하기만 하면 된다.

시간이 허락한다면 골로새서 1장 9-11절의 여섯 항목을 활용해 당신에게 소중한 몇몇 사람을 위해 기도하라. ⏻

성경으로 기도하는 놀라운 방법이 또 하나 있다. 매일 성경을 읽을 때 읽은 구절로 기도하는 것이다. 성경을 읽을 때, 바싹 집중해 순간적으로 기도해야겠다는 감동이 오는 구절을 놓치지 말라.

이렇게 하면 성경 읽는 시간이 예수님과 대화를 나누는 기쁨의 시간으로 바뀐다.

성경으로 기도할수록 다음과 같은 유익을 더 누릴 것이다.

- 성경으로 기도하면 지루할 틈이 없고, 은밀한 곳에서 기도하는 시간이 더욱 활기 있고 즐거워진다.
- 성경을 읽는 시간이 예수님과 대화하는 시간이 된다.
- 성경이 기도거리를 끝없이 공급하기 때문에 절대로 기도가 막힐 일이 없다.
- 더욱 큰 권세로 기도하게 된다.
- 하나님의 뜻을 따라 기도하게 된다.
- 하나님의 말씀을 깨닫게 된다.

- 온 마음이 진리와 의에 맞춰진다.

이제 기도 장소를 떠나면서 먼 길을 떠날 때 성경을 챙겨 가서 다른 구절로 기도하고 싶은 마음이 들지 않는가?

당신의 기도를 기록해보세요.

_____

_____

_____

_____

_____

_____

_____

_____

_____

_____

_____

_____

_____

_____

시편으로 기도하라

Psalms

되새김 어제 우리는 바울의 기도 중 하나를 성경으로 기도하기를 실행하는 발판으로 활용했다. 오늘도 같은 근육을 활용해 이번에는 시편으로 기도해보자.

이제 기도리셋의 반환점을 돌았다. 훌륭하다! 이제 다짐을 새롭게 하고 전체 20일을 완주하자!

수많은 신자가 날마다 시편으로 기도한다. 시편은 더

없이 깊은 의미를 내포하고, 우리를 강하게 지탱해주며, 우리에게 놀라울 만큼 도움이 되기 때문이다. 당신도 시편에 푹 빠지길 바란다.

시편은 성경의 노래 책이며 기도 책이다. 시편은 성경으로 노래하고 기도하길 기뻐하는 신자들에게 무궁무진한 보화를 제공한다.

다윗이 쓴 시편들은 '다윗의 기도'라 불린다. 당신이 시편 하나를 묵상할 때, 당신의 영혼은 성령에 감동된 기도에 잠긴다. 그런데 당신이 꾸준히 시편으로 기도할 때에야 기도생활이 완전하다는 것을 귀 기울여 들어라.

개인적으로 나는 매일 성경을 읽을 때 시편을 가장 먼저 읽는다. 나는 날마다 시편으로 기도한다. 신기록을 세우려는 게 아니기 때문에 천천히 읽는다.

어떤 시편들은 하루에 끝나고, 어떤 시편들은 여러 날이 걸린다. 그래서 시편 150편 전체를 읽는 데 대체로 1년이 걸린다.

당신이 시편 전체를 읽는 데 세 달이 걸리든 네 달이

걸리든 상관없다. 그저 시편을 읽는 여정을 즐겨라.

오늘은 시편 1편의 첫 부분으로 기도하라.

복 있는 사람은 악인들의 꾀를 따르지 아니하며 죄인들의 길
에 서지 아니하며 오만한 자들의 자리에 앉지 아니하고 시 1:1

_____

_____

_____

이 구절의 세 부분으로 기도하라.

- 경건하지 못한 사람들의 가치관과 조언을 따르지 않기
  로 한 당신의 다짐을 하나님께 표현하라.
- 죄인들이 그들의 일을 하는 자리에 서지 않겠다고 하나
  님께 말씀드려라. 이런 자리를 피할 수 있는 지혜를 달
  라고 기도하라.

- 비방하는 자들과 어울려 거룩하거나 소중한 것들을 비방하는 일이 없게 해달라고 기도하라. 냉소적인 정신을 거부하라.

오직 여호와의 율법을 즐거워하여 그의 율법을 주야로 묵상하는도다 시 1:2

이 구절의 두 부분으로 기도하라.

- 당신이 하나님의 말씀을 얼마나 기뻐하는지 그분께 말씀드려라. 하나님의 명령은 당신에게 결코 짐이 아니라 기쁨이다.
- 당신이 하나님의 말씀을 밤낮으로 묵상할 때까지 당신의 기도생활을 확장시켜 달라고 기도하라. 당신이 이것

을 얼마나 간절히 원하는지 표현하라. 그분의 말씀을 더욱 갈망하게 해달라고 기도하라.

그는 시냇가에 심은 나무가 철을 따라 열매를 맺으며 그 잎사귀가 마르지 아니함 같으니 그가 하는 모든 일이 다 형통하리로다 시 1:3

이 구절의 네 부분으로 기도하라.

- 하나님이 당신을 성령의 시냇가에 심으셨으니 생명을 주시는 그분의 능력을 지금 바로 의지하라.
- 당신이 열매를 맺는 신자가 되게 해달라고 기도하라. 철을 따라 열매를 맺는 신자가 돼라.
- 잎사귀가 말랐다는 것은 가뭄을 말한다. 가물 때라도 당신을 늘 새롭고 활기차게 하시는 하나님의 성령이 당신

과 연결되게 해달라고 기도하라.

• 당신을 의(義)에 헌신할 때 모든 면에서 즉 영적으로, 경제적으로, 정신적으로, 정서적으로, 육체적으로, 관계적으로 형통하게 해주시길 구하라. 이 구절을 당신에게 주신 약속으로 알고 믿음으로 붙잡아라. ⏻

시간이 남았다면 시편 1편의 각 구절을 이런 방식으로 활용해 기도하라. 이제 시편 1편에서(또는 어떤 시편에서든) 오늘 당신에게 가장 의미가 깊은 구절을 여기 쓰라.

기도의 장소를 떠날 때, 이 구절을 기억하고 이 구절로 하나님께 다시 기도하라.

당신의 기도를 기록해보세요.

20 WAYS TO A CONSISTENT
PRAYER LIFE

12일

들어라

L i s t e n

되새김 지난 이틀 동안 우리는 성경으로 기도했다. 우리가 성경으로 기도하는 근육을 사용할수록 성경을 더욱 깊이 깨닫고 하나님과 함께하는 시간이 더욱 의미 있을 것이다.

주님께서 언젠가 내가 성경에서 가장 중요한 단어라고 믿는 것을 보여주셨다. 그리스도의 말씀 하나가 자꾸만 내 가슴을 두드렸는데, 그리스도께서 그 말씀을 거듭거듭 하셨기 때문이었다.

너희가 귓속말로 듣는 것을 집 위에서 전파하라 마 10:27

귀 있는 자는 들을지어다 마 11:15

너희가 눈이 있어도 보지 못하며 귀가 있어도 듣지 못하느냐

막 8:18

'듣다(hear)', 바로 이 단어였다. 이 단어가 거듭거듭 나온다. 이것은 주님이 들려주신 그 유명한 씨 뿌리는 비유의 핵심 단어였다(마 13장). 이 비유는 우리가 말씀을 듣는 방식이 우리의 삶에서 맺는 열매를 결정한다는 것을 보여주었다.

하나님나라의 모든 것이 들음에 근거한다. 우리가 하늘로부터 들으면 하나님나라의 문이 열린다. 우리가 하나님께 듣고 그분의 말씀대로 행동할 때 모든 것이 달라진다. 이런 까닭에 우리는 은밀한 곳에 갈 때 무엇보다도 귀 기울여 들으러 간다. 그렇다.

기도는 하나님께 얘기하는 시간이다. 그러나 이게 전부가 아니다. 기도는 하나님께 듣는 시간이다.

우리가 하나님께 얘기할 때는 변화가 일어나지 않는

다. 하나님께서 우리에게 말씀하실 때 변화가 일어난다. 우리가 말할 때 아무것도 일어나지 않는다. 하나님께서 말씀하실 때 우주가 생겨난다. 그러므로 기도생활에서 우리는 말하기는 더디 하고, 듣기는 속히 해야 한다.

나는 하나님께서 무슨 말씀을 하실지, 언제 말씀하실지 알 수 없다. 그러나 들을 자세를 취할 수 있다. 그러면 하나님이 말씀하실 때 내가 듣고 반응할 수 있다.

우리가 말씀과 함께 시간을 보내는 목적은 하나님께 듣기 위해서다. 어떤 사람은 "하지만 저는 한 번도 하나님께 듣지 못했는데요"라고 말할는지 모른다. 이게 사실이라면 그 이유를 말해주겠다. 당신은 하나님의 말씀 안에서 살고 있지 않다. 절대 빈말이 아니다.

기도하라

당신이 이 권면을 받아들인다고 주님께 말씀드려라. 그분의 음성을 들으려는 당신의 열심을 표현하라. ☞

시편 95편에서 들음의 중요성을 확인할 수 있다.

너희가 오늘 그의 음성을 듣거든 너희는 므리바에서와 같이
또 광야의 맛사에서 지냈던 날과 같이 너희 마음을 완악하게
하지 말지어다 시 95:7,8

이스라엘 백성들은 완악한 마음 때문에 하나님의 말
씀을 믿지도, 그 말씀에 순종하지도 못했다. 이 말씀이
얼마나 중요한가? 히브리서의 저자는 이 말씀을 무려 여
섯 번이나 인용했다. 이 말씀은 하나님이 어떤 분이신지
말해주는 좋은 말씀이다.

기도하라

매 순간 하나님의 말씀에 믿음으로 반응하고 순종할
수 있는 부드러운 마음을 달라고 애원하라. 마음이 완
악한 이스라엘 백성들이 광야 생활을 한 전례를 통해 배
울 수 있도록 은혜를 구하라.

"예수님, 당신의 모든 말씀에 제가 순종하게 하소서." ⏻

바울은 "믿음은 들음에서 난다"(롬 10:17)는 이야기를 자주 반복해서 한다. 믿음은 듣는다. 그것이 바로 바울이 다음 구절에서 강화한 내용이다.

너희에게 성령을 주시고 너희 가운데서 능력을 행하시는 이의 일이 율법의 행위에서냐 혹은 듣고 믿음에서냐 갈 3:5

이 구절의 숨은 의미를 잠시 숙고해보라.

- 믿음이 말씀을 들을 때, 우리에게 성령의 물꼬가 터진다.
- 믿음이 말씀을 들을 때, 우리 가운데 기적이 일어난다.

기도하라
하나님의 말씀을 진심으로 듣고 하나님의 생명을 다른 사람들에게 흘려보내는 믿음을 구하라. ⏻

우리는 말씀을 읽을 때 듣는 훈련을 하길 원한다. 우리는 "오늘 읽을 분량 다 채웠어요!"라고 말하기 위해 성경을 읽는 게 아니다. 듣기 위해서다. 하나님께 듣기는 흔히 가장 단순한 방법으로 이뤄진다.

- 하나님의 말씀을 당신 앞에 두라.
- 성경을 읽으면서 내면으로 하나님께 얘기하고, 성경 읽는 시간을 서로 대화하는 시간으로 바꾸어라.
- 성령께서 당신에게 강조하시는 구절이 있다면 그 구절을 숙고하는 시간을 가져라. 그 구절에 관해 질문하라. 그 구절이 무엇을 말하는지 질문할 때, 그 구절이 무엇을 말하지 않는지도 물어라. 이 구절을 특별히 조명해주는 다른 성경 구절들이 떠오르는가?

시간을 내어 성경의 틈새를 살필 때, 당신은 하나님께 들을 자세를 취한 것이다. 당신이 하나님의 음성을 듣길 얼마나 고대하는지 표현하면서 오늘의 기도리셋 시간을 마무리하라. 예수님에게 사랑을 속삭여라.

당신의 기도를 기록해보세요.

일기를 쓰라

J o u r n a l

되새김 '듣다', 이것이 어제의 핵심 단어였다. 오늘 말씀 앞에 나올 때 몸을 구푸려 성령의 음성에 귀를 기울여라. 경청이 당신의 기도생활에 붙박이게 하라.

당신이 성경으로 기도할 때, 성령께서 때로 당신의 눈을 열어 성경을 깨닫게 하신다. 이런 깨달음은 더없이 귀하고 기록해둘 만하다.

 이것을 가리켜 '일기 쓰기'(journaling)라고 한다. 바울이 일기를 썼다는 증거가 있다.

> 네가 올 때에 내가 드로아 가보의 집에 둔 겉옷을 가지고 오
> 고 또 책은 특별히 가죽 종이에 쓴 것을 가져오라 딤후 4:13

바울이 살던 시대에 가죽 종이는 지금의 종이 노트에 해당한다. 바울은 성경을 읽으면서 성령의 감동으로 깨달은 것들을 가죽 종이에 쓴 것으로 보인다.

이러한 묵상들이 그에게 너무나 소중했기에, 바울은 디모데에게 자신의 소지품들을 가져올 때 특별히 자신의 일기장(가죽 종이 모음)을 꼭 챙기라고 강조했다.

어느 시대나 신앙의 사람들은 일기를 썼다. 시편 기자는 하나님의 법도를 절대 잊지 않겠다고 다짐했다(시 119:93). 일기 쓰기가 그에게 도움이 되었을 것이다.

여기에 시편 119편 93절을 쓰라.

_____

_____

_____

_____

기도하라

이 구절에 관해 하나님께 얘기하라. 당신도 시편 기자
처럼 결심했다고 그분께 말씀드려라. ⏻

나도 성경을 읽으며 깨달은 것들을 일기로 남기는데,
예수님이 가르쳐주신 원리 때문이다.

그러므로 너희가 어떻게 들을까 스스로 삼가라 누구든지 있
는 자는 받겠고 눅 8:18

여기서 강조되는 단어는 '어떻게'이다. 우리는 어떻게 들어야 하는가? 우리가 받아들인 것을 붙잡을 수 있는 방식으로 들어야 한다. 예수님은 이미 받은 것을 간직하는 자들이 '받겠고'(more will be given, 더 많이 받겠고)라고 하셨다.

그분이 우리에게 하신 말씀이 우리와 그분이 함께하는 역사에서 붙박이가 되게 한다면, 그분은 우리에게 더 주실 것이다.

개인적으로 나는 기억력이 형편없다. 하나님이 내게 주시는 깨달음을 적어두지 않으면 이내 잊어버린다. 그래서 적어두고 나중에 다시 본다. 무엇보다도 나는 하나님이 내게 주시는 것들을 간직하길 원한다. 왜? '더 많이 원하기' 때문이다.

나는 풋볼에서 예수님이 하신 말씀의 의미를 유추해본다. 와이드 리시버가 공을 잡다가 놓쳤다고 생각해보라. 그에게 공을 던져준 쿼터백이 주춤한다. 와이드 리시버가 두 번째 패스를 놓친다면 쿼터백은 실망한다. 와이드 리시버가 세 번째 패스까지 놓치면 쿼터백은 더 이상 그에게 공을 던져주지 않을 것이다. 원리는 이렇다. 공을 패스 받으려면 와이드 리시버가 공을 잡고 놓치지 않으리라는 믿을 만한 기록이 있어야 한다는 것이다.

하나님나라의 경우도 다르지 않다. 하나님이 그분의 말씀에서 우리에게 계속 말씀하시길 원한다면 그분이 주시는 것들을 간직해야 한다. 일기 쓰기는 이 부분에서 유용하다. 일기 쓰기는 '우리가 더 많이 받을 수 있도록' 하나님이 그분의 말씀에서 우리에게 말씀하시는 것들을 간직하는 한 방법이다.

이렇게 하는 실제적인 방법은 무엇인가? 어떤 구절을 읽는데 그 구절이 갑자기 당신에게 특별한 의미로 다가올 때, 그 구절과 당신이 얻은 깨달음을 기록하라. 편리할 때, 노트에 기록해둔 것들을 컴퓨터에 입력하거나 종이 일기장에 옮겨 적어라. 날짜와 해당 구절 전체를 포함시켜라.

그런 후 당신의 목록을 되살펴보는 시스템을 개발하라. 되살펴보아야 유지할 수 있기 때문이다. 유지하기는 아주 힘든 훈련이다. 그러나 우리가 이 훈련을 하는 이유는 간단하다. 더 많이 원하기 때문이다. 우리는 우리가 이미 받은 것을 간직하려 노력할 때, 하나님이 더 많이 주신다는 것을 안다. ⏻

기도하라

하나님이 그분의 말씀에서 당신에게 주시는 모든 것을 간직하는 방법을 찾을 수 있게 도와달라고 기도하라. 당신이 얼마나 열렬히 더 원하는지 말씀드려라.

하나님이 당신에게 주시는 깨달음을 오늘 어떻게 일기에 기록할지 결정하라. 당신의 시스템을 온전히 갖추려면 적어도 처음에는 시간이 걸릴 것이다. 우선, 다음 질문들에 대한 당신의 대답을 적어라.

- 기도할 때 어떤 유형의 노트를 가져갈 것인가?

- 일기를 영구적으로 어디에 남길 것인가? 종이 노트인가 아니면 컴퓨터인가?

- 하나님이 내게 말씀하신 것들을 절대 잊지 않도록 일기를 되살펴볼 수 있는 실제적인 방법은 무엇인가?

일기 쓰기는 수고스럽지만, 제자리를 잡으면 당신이 강하고 변함없는 기도생활을 구축하는 데 도움이 되는 아주 중요한 요소다. 당신은 더 많이 받을 수 있게 자신을 준비하고 있는 것이다.

그리스도 안에서 멋진 하루가 되길!

당신의 기도를 기록해보세요.

20 WAYS TO A CONSISTENT
PRAYER LIFE

14일

순종하라

Obey

되새김 하나님이 은밀한 곳에서 당신에게 보여주시는 것을 모두 기록해 일기에 담아두고 정기적으로 되살펴보라. 왜 이것이 중요한가? 우리가 하나님이 주시는 것을 간직할 때, 하나님은 더 많이 주시기 때문이다.

오늘의 주제는 '순종'이다. 우리 주님이 하신 엄청난 질문으로 시작하자.

너희는 나를 불러 주여 주여 하면서도 어찌하여 내가 말하는 것을 행하지 아니하느냐 눅 6:46

기도하라

이 막중한 질문 앞에 잠시 전율하라. 그리고 이렇게 속삭여라.

"당신은 나의 주님입니다."

제자도란 순종을 의미한다. 즉각적 순종을 암시한다. 그리스도의 제자들은 그분의 입에서 나오는 모든 말씀에 순종하려 한다. 그분의 말씀이 과연 우리가 순종할 수 있는 것인지 우리 스스로 판단해서는 안 된다. 우리는 왕이신 그분의 말씀에 그저 "예"라고 답해야 한다.

"모든 것을 팔아라."

"예, 주님."

순종은 그리스도인의 삶에서 '사소한 부분'이나 '의무적인 부분'이 아니다. 실제로 순종은 우리를 자유하게 하는 믿음의 한 부분이다. 순종은 그리스도와 함께하는

우리의 여정이 즐겁고 밝으며 생명을 주는 여정이 되게 한다. ㅂ

> 너희는 말씀을 행하는 자가 되고 듣기만 하여 자신을 속이는 자가 되지 말라 약 1:22

앞서 하나님나라의 모든 것이 들음에 달렸다고 했다. 그러나 들음은 행함에서 성취된다. 믿음은 행동한다. 야고보 사도는 우리가 순종하지 않으면 스스로를 속이는 것이라고 했다.

듣고 말하지만 행하지 않는 기도는 무디고 생명이 없다. 기쁨이 넘치는 그리스도인의 삶은 순종의 풀밭에서만 찾을 수 있다. 우리가 은밀한 곳에서 들은 것을 행할 때, 우리의 삶은 우리가 사랑하는 신랑과 함께 떠나는 로맨틱한 모험이 된다. ㅂ

시편 118편은 순종의 영광을 멋지게 표현한다.

여호와는 하나님이시라 그가 우리에게 빛을 비추셨으니 밧줄로 절기 제물을 제단 뿔에 맬지어다 시 118:27

이 구절에서 시편 기자는 우리의 순종을 희생제물의 뿔을 하나님께 드리는 예물로 제단에 매는 방식에 비유한다. 하나님이 명령하실 때, 그 명령은 빛과 깨달음을 수반한다. 그 명령에 기쁨으로 답할 때, 우리는 온전히 순종하며 우리의 마음을 드리고 우리의 영혼을 성별의 제단에 단단히 매는 것이다. 이 구절은 우리가 하나님의 명령에 담긴 지혜를 보았기 때문에 그분의 뜻에 열심히 순종하는 모습을 묘사한다.

깨달음과 빛이 없으면 순종의 길이 때로 어렵고 해로워보인다. 그러나 빛과 깨달음이 우리의 마음을 비출 때, 우리는 순종이 우리의 가장 안전한 피난처라는 것을 깨닫는다. 예수님이 부르실 때, 그분과 함께 폭풍우 가운데 있는 것이 그분 없이 배에 있는 것보다 안전하다 (마 14:25-32).

하나님이 당신을 불러 당신이 할 수 없는 일을 하라

고 하실 때, 당신은 모험에 초대되는 것이다. 배에서 내려 물에 발을 옮겨놓으라. 거리낌 없는 순종은 자기 방어적인 불순종을 늘 이긴다.

하나님이 당신을 불러 이해되지 않는 일을 하라고 하셨는가? 그 말씀에 순종하면 망할 것 같았는가? 당신이 순종을 선택했을 때, 당신 앞에 길이 열리는 것을 보고 깜짝 놀랐는가?

순종이 없는 기도는 지루하다. 누가 이런 걸 원하겠는가? 그러므로 당신의 기도생활을 리셋하기로 결정했다면 순종하겠다는 당신의 결심도 리셋하라.

당신의 삶에서 그리스도께 순종하려고 몸부림쳤던 부분이 있는가? 있다면 솔직하게 적어보라.

_____

_____

_____

_____

_____

기도하라

- 하나님의 무한한 사랑으로 당신의 마음에서 그분의 놀라운 뜻에 저항하는 부분을 녹여달라고 기도하라.
- 하나님이 당신의 삶을 이끄신다는 확신을 표현하라.
- 하나님의 명령이 영생이라는 것을 안다고 그분께 말씀드려라(요 12:50).
- 죽기까지 하나님에게 순종하겠다는 당신의 결심을 표현하라.
- 당신의 기도생활이 흔들리지 않도록 순종이 당신의 견고한 주춧돌이 되게 해달라고 기도하라.

순종하면 오늘 하루가 기쁠 것이다!

당신의 기도를 기록해보세요.

사랑하라

Love

되새김 어제 우리는 순종하겠다고 새롭게 결심했다. 우리는 날마다 우리 구주의 말씀을 좇는다. 순종이 기도를 짜릿한 모험으로 바꿔준다는 것을 알기 때문이다.

기도는 전적으로 사랑에 관한 것이다. 기도를 근본적인 본질로 치환하면 사랑만 남는다. 기도리셋은 우리의 첫 사랑으로 돌아가는 것이다(계 2:4).

성경은 예수님을 하늘에 계신 우리의 신랑으로, 우리

를 그분의 신부로 묘사한다. 이것은 사랑의 언어이며 시편 45편에 아름답게 표현된다.

딸이여 듣고 보고 귀를 기울일지어다 네 백성과 네 아버지의 집을 잊어버릴지어다 그리하면 왕이 네 아름다움을 사모하실 지라 그는 네 주인이시니 너는 그를 경배할지어다 시 45:10,11

분명히 왕과 그분의 신부 사이에 흐르는 사랑은 로맨틱하다. 로맨틱한 사랑이 다른 종류의 사랑과 구분되는 특별한 점은 '갈망'이라는 요소다. 로맨스에는 함께 있으려는 강한 갈망이 있다. 서로를 알면 알수록 더 알고 싶다.

기도하라

당신의 신랑이신 주 예수를 향한 당신의 갈망을 표현하라. 당신이 그분과 함께 있고 그분을 보기를 얼마나 원하는지 그분께 말씀드려라. 그분이 돌아오길 간청하

라. 사랑이 흐르게 하라. 그분의 영이 당신에게 힘을 주어 당신으로 하나님이 당신을 사랑하시는 그 사랑으로 그분을 다시 사랑하게 하신다. 하나님을 사랑하려면 하나님이 필요하기 때문이다.

은밀한 곳은 태중(胎中)이다. 거기서 사랑이 싹트고 자란다. 그렇다. 사랑은 자란다. 사랑으로 말하면, 전문가는 없다. 따라서 우리는 모두 그분의 사랑을 받고 표현하는 능력을 키워야 한다. 우리는 언제나 우리의 마음을 더 많이 줄 방법을 찾는다. 불이 결코 만족을 모르듯이(잠 30:16) 하나님의 사랑을 향한 불같은 열정은 언제나 더 내려놓으려 한다. 사랑할수록 늘 더 내려놓는다.

예수님이 우리가 공유하는 사랑을 어떻게 묘사하셨는지 보라.

> 아버지께서 나를 사랑하신 것같이 나도 너희를 사랑하였으니 나의 사랑 안에 거하라… 내 계명은 곧 내가 너희를 사랑한 것같이 너희도 서로 사랑하라 하는 이것이니라 요 15:9,12

예수님은 아버지께서 예수님을 사랑하시는 것처럼 예수님도 우리를 사랑하신다고 말씀하셨다. 이 얼마나 놀라운 사랑인가! 그런 후 예수님은 우리가 바로 이 사랑으로 서로 사랑해야 한다고 말씀하셨다. 따라서 아버지와 아들 사이에 흐르는 사랑은 우리와 그리스도 사이에 흐르는 사랑, 그리고 우리와 다른 사람들 사이에 흐르는 사랑의 모델이다.

우리는 이웃을 자신처럼 사랑하는 것으로 충분하다고 생각했으나(마 19:19) 예수님은 기대치를 높이셨다. 예수님은 아버지께서 아들을 사랑하시는 것처럼 우리가 이웃을 사랑해야 한다고 말씀하셨다.

어떻게 이웃을 이렇게 사랑할 수 있는가? 은밀한 곳의 태중에 들어가 그분의 사랑하는 능력을 받는 길뿐이다.

기도하라

예수님이 하신 "나의 사랑 안에 거하라"는 말씀의 의미를 탐구하라(요 15:9). ⏻

로마서에 묘사된 놀라운 사랑을 숙고하라.

내가 확신하노니 사망이나 생명이나 천사들이나 권세자들이
나 현재 일이나 장래 일이나 능력이나 높음이나 깊음이나 다
른 어떤 피조물이라도 우리를 우리 주 그리스도 예수 안에 있
는 하나님의 사랑에서 끊을 수 없으리라 내가 그리스도 안에
서 참말을 하고 거짓말을 아니하노라… 나의 형제 곧 골육의
친척을 위하여 내 자신이 저주를 받아 그리스도에게서 끊어
질지라도 원하는 바로라 롬 8:38-9:3

바울은 로마서 8장을 마무리하면서 모든 사랑의 '에
베레스트산'(그 무엇도 우리를 끊을 수 없는 하나님의 사랑)을
묘사한다.

그런 후 곧바로 이어지는 구절들에서(장 표시는 인위적
구분이다) 우리의 동족을 위한 가장 고귀한 사랑이 어떤
것인지 묘사한다. 바울은 자신의 동족 유대인들을 너무
나 사랑했기에 이들을 위해서라면 자신의 '육체적' 생명
뿐 아니라 '영원한' 생명까지 내려놓으려 했다. 바울은

자신이 사랑하는 동족 유대인들이 구원받을 수만 있다면 자신은 영원히 저주를 받아 그리스도에게서 끊어져도 좋다고 했다.

그가 로마서 8장에서 묘사하는 하나님의 사랑에서 로마서 9장에서 묘사하는 동족을 향한 사랑이 나왔다.

기도하라

"주님, 이 사랑으로 나를 채워주십시오. 내게 로마서 8장의 가장 고귀한 사랑을 주십시오. 이 사랑으로 내 마음을 채우사 로마서 9장이 말하는 동족을 향한 사랑을 갖게 해주십시오!" ⏻

당신의 기도생활이 사랑을 토대로 꾸준히 리셋 되길 바란다. 당신의 은밀한 곳을 떠날 때, 어떻게 이 사랑의 불길이 종일 타오르게 할지 생각해보라. 모든 것을 사랑으로 하라!

당신의 **기도**를 기록해보세요.

금식하라

Fast

되새김 어제는 온통 사랑에 관한 것이었다. 우리는 우리의 첫사랑으로 돌아가고 있다. 이 기도리셋의 핵심은 주 예수님과 어디에나 있는 사람들을 향한 우리의 사랑에 부채질을 하는 것이다.

오늘은 금식이라는 아름다운 선물을 살펴보자. 예수님이 이 선물을 우리에게 주신 데는 적어도 두 가지 중요한 이유가 있다. 금식은 우리로 더욱 열심히 의를 구하게 할 수 있으며, 우리의 마음이 하나님께 더 많이 받는 일에 예민해지게 한다.

예수님은 금식이 기도생활의 은밀한 부분이어야 한다고 가르치셨다.

> 너는 금식할 때에 머리에 기름을 바르고 얼굴을 씻으라 이는 금식하는 자로 사람에게 보이지 않고 오직 은밀한 중에 계신 네 아버지께 보이게 하려 함이라 은밀한 중에 보시는 네 아버지께서 갚으시리라 마 6:17,18

예수님은 "너는 금식할 때"라고 말씀하셨다. 우리가 금식할 것이라고 생각하신 것으로 보이며, 이것은 금식이 제자의 기도생활에서 마땅히 행해야 할 부분이라는 뜻이다.

예수님은 우리가 드러내지 않고 금식하길 원하신다는 점을 강조하셨다. 우리가 금식하는 목적은 우리의 믿음이 얼마나 좋은지 다른 사람들에게 보이기 위해서가 아니라, 우리가 그분을 얼마나 갈망하는지 예수님에게 표현하기 위해서다. 우리의 금식은 오로지 그분의 눈에만

띄어야 한다. ⏻

　금식은 쉽지 않다. 금식은 식욕과 몸과 영을 향해 강
경한 태도를 취한다. 금식은 거룩한 용기를 필요로 한
다. 그러니 금식이 고넬료의 삶에서 중요한 역할을 했던
것을 보면서 금식할 용기를 얻길 바란다.

　고넬료가 이르되 내가 나흘 전 이맘때까지 (금식을 하고 있었으며,
　KJV) 내 집에서 제구시 기도를 하는데 갑자기 한 사람이 빛난
　옷을 입고 내 앞에 서서 행 10:30

　고넬료는 로마군 장교이자 이방인이었다(즉, 유대인이
아니었다). 하나님이 그의 가족을 택해 첫 이방인 그리스
도인들이 되게 하셨다. 고넬료를 통해 복음의 문이 온
세상을 향해 열렸다. (이 이야기는 사도행전 10장에 나오는
데, 흥미진진하다.)
　왜 하나님은 고넬료를 선택해 복음이 세계로 확산되
는 도화선이 되게 하셨는가? 우리는 이 질문의 답을 그

의 삶에 나타나는 네 가지 특징에서 찾을 수 있다. 그는 하나님을 경외했고(행 10:2), 기도했으며(행 10:2), 금식했고(행 10:30, KJV), 구제했다(행 10:2). 하나님은 이러한 네 특징으로 대변되는 경건이 땅의 모든 민족에게 확산되게 하셨다.

금식을 계기로 고넬료는 하늘이 땅에 가져올 역사적 전환, 즉 이방인들이 하나님의 가족에 포함되는 일에서 중요한 역할을 했다.

기도하라

당신의 삶에서도 이러한 네 가지 특징(하나님을 경외함, 기도, 금식, 구제)이 나타나게 해달라고 기도하라. ☾

다윗도 금식에 관해 썼다.

나는… 나를 낮추어 금식하며 시 35:13, 새번역

금식은 자신을 낮추는 성경적 방식이다. 우리가 금식하는 이유는 겸손한 자에게 더 많은 은혜를 주시겠다고 하신 하나님의 약속을 믿기 때문이다(벧전 5:5). ☾

'약한'(soft) 금식이 있다. 이를 테면, 소셜 미디어나 설탕을 한동안 끊는 것이다. 그런가하면 '센'(hard) 금식이 있다. 세기는 하지만, 물만 먹는 금식을 생각해보라(또는 의사가 허락하는 범위에서 이와 근접한 금식을 생각해보라).

"한번 해보라."

부담 갖지 말고 조금씩 시도해보라. 처음에는 저녁을 금식하고, 다음에는 조금 더 해보라. 제안이 필요한가? 이렇게 해보라.

- 24시간 금식하라.
- 가능하면 물만 마셔라(의사와 상의하라).
- 일정이 허락할 때 하루 금식하며 기도하라.

기도하라

금식 계획을 세우고 싶은가? 그렇다면 다음 질문들에
주님이 하실 법한 대답을 적어라.

- 나는 얼마 동안 금식할 것인가?

- 나는 어떤 종류의 금식을 할 것인가? 물만 마실 것인가?
  주스만 마실 것인가? 그 외에 대중매체 등을 비롯해 무
  엇을 금식할 것인가?

- 나는 언제 금식할 것인가?

- 나는 기도에 좀 더 집중할 수 있도록 그날 어떤 책임들로부터 자유로울 수 있는가?

- 나는 하루 중 언제 혼자 있을 것인가?

- 함께 금식하자고 초대하고 싶은 사람이 있는가? 있다면 누구인가?

· 나는 이번에 금식하면서 하나님께 무엇을 구하겠는가?

_____

_____

_____

_____

금식이 끝났다면 자신의 경험을 일기에 기록하라. 잘 된 것은 무엇이고 다음에 바꿔야 할 것은 무엇인가? 당신이 이번 금식을 통해 얻은 가장 큰 유익은 무엇인가? ⏻

기도 장소를 나서면서 금식을 위한 은혜를 구하라.

당신의 기도를 기록해보세요.

17일

기도 목록을 작성하라

List

되새김 금식은 우리가 기도에서 더 많이 받도록 우리의 마음을
예민하게 할 수 있다. 금식할 준비가 되었는가? 금식 계획을 짰
는가? 당신에게 은혜가 있길 바란다!

'기도 목록' 얘기를 해보자. 기도 목록은 우리가 매일 기
도하려는 사안들을 적어놓은 목록이다.

어떤 신자들은 기도 목록을 사용해 기도할 때 더 강
한 견인력을 느낀다. 왜 그런가? 기도 목록이 집중력을

향상시키고, 기도 시간을 더 생산적이게 하며, 응답된 기도를 확인하도록 돕기 때문이다. 하나님이 어떻게 응답하시는지 볼 때 기도에 대한 당신의 확신이 치솟는다.

다음 몇 달 동안 기도 목록을 활용해 기도생활에 시동을 걸길 바란다. 1년간 시험 주행을 하면서 당신에게 맞는지 확인해보라.

기도 목록은 제한하는 게 아니라 힘을 준다. 기도 목록은 이를 테면 기도의 마중물이 된다. 특히 우리의 마음이 산만하고 안개로 자욱할 때 그렇다. 우리가 매일 기도 목록을 다 끝내야 할 의무가 있는 것처럼 섬기는 게 아니다. 오히려 기도 목록이 우리의 기도생활을 더 효과적이게 하는 도구로서 우리를 섬긴다. 우리는 언제라도 기도 목록에서 벗어나 마음이 가는 대로 기도할 수 있다. ⏻

바울이 말했듯이 기도는 다양하게 표현된다.

모든 기도와 간구를 하되 항상 성령 안에서 기도하고 이를 위

하여 깨어 구하기를 항상 힘쓰며 여러 성도를 위하여 구하라

엡 6:18

'모든 기도' 뒤에 '모든 종류의 기도'라는 개념이 있다. 기도하는 방식은 간구, 감사, 찬양, 중보, 경배, 묵상 등 다양하다. 잘 작성된 기도 목록은 모든 종류의 기도로 이어진다. ☾

지금 당장 자신만의 기도 목록을 작성하고 싶은가? 그렇다면 몇 가지 제안을 할 테니 노트에 잘 적어라.

'나의 기도 목록'이라고 제목을 붙여도 좋겠다. 이제 기도 목록을 세 부류, 즉 자신을 위한 기도, 사람들을 위한 기도, 환경을 위한 기도로 나눠라.

자신을 위한 기도

예수님은 자신을 위해 기도하셨다(요 17:1-5). 그러므로 당신도 자신을 위해 기도해도 된다. 자신을 위해 구체적으로 어떤 기도를 할지 항목별로 적어라. 예를 들면,

당신의 목록에 다음과 같은 것들이 포함될 수 있다. 당신의 영적 건강, 육체적 건강, 영혼, 마음, 직장, 돈, 삶의 목적, 사역, 가족 구성원으로서의 역할 등이 그것이다.

사람들을 위한 기도

이름이나 호칭을 불러가며 개개인을 위해 기도하라. 첫째, 가족, 친구, 교회 지도자, 정부 관리, 경찰, 군인, 재소자, 병자, 가난한 자, 선교사를 비롯해 여러 항목으로 분류하라. 둘째, 매일 차례대로 세 사람을 위해 이들의 이름을 부르며 기도하라.

환경을 위한 기도

하나님의 개입이 필요한 상황을 위해 기도하라. 당신이 사는 지역, 예루살렘, 나라, 교회, 사역, 교단, 헤드라인 뉴스, 고아, 전쟁, 테러, 박해받는 신자, 인신매매, 인종차별을 비롯해 당신이 레이더에 늘 포착되길 바라는 다양한 환경을 목록으로 작성하라.

은밀한 장소에 기도하러 갈 때마다 기도 목록을 꼭 챙겨라. 휴대하기 쉽고, 사용하기 쉬우며, 업데이트하기 쉽도록 인쇄하거나 손으로 써라. 구체적인 이름과 필요를 정기적으로 더하고 빼라.

기도 목록을 활용해 기도하는 방법 중 하나는 각 항목에 대해 '그날의 구절'로 기도하는 것이다. 예를 들면, 다음 구절이 잘 맞을 수도 있다.

> 주께 합당하게 행하여 범사에 기쁘시게 하고 모든 선한 일에 열매를 맺게 하시며 하나님을 아는 것에 자라게 하시고
>
> 골 1:10

"모든 선한 일에 열매를 맺게 하시며"라는 말씀으로 기도하자. 먼저 자신이 모든 선한 일에 열매를 맺게 해 달라고 기도하라. 그런 후, 당신의 기도 목록에 있는 사람들 하나하나를 위해 똑같이 기도하라. 마지막으로 당신의 기도 목록에 있는 환경들로 넘어가 모든 선한 일에 열매를 맺어야 하는 부분들을 위해 기도하라.

"모든 선한 일에 열매를 맺게 하시며"는 당신의 기도 목록에 있는 모든 사람을 위해 할 수 있는 정말 멋진 기도이지 않은가! 이것은 성경 한 구절의 한 부분으로 기도한 것일 뿐이다. 내일은 "주께 합당하게 행하여"라는 부분을 활용해 당신의 기도 목록에 있는 모두를 위해 기도할 수 있다. ⏻

기도하라

20일간의 기도리셋이 끝나기 전에 당신의 기도 중 적어도 하나는 응답해주시길 구하라.

주 예수 안에서 오늘도 멋진 하루가 되길!

당신의 기도를 기록해보세요.

기도의 틀을 세워라

R o u t i n e

되새김 어제는 기도 목록에 관해 얘기했다. 기도 목록을 만들었는가? 만들었다면 오늘 가져와 활용하라.

집을 지을 때 건축자는 먼저 기초 위에 뼈대를 세운다. 뼈대는 벽체, 창문, 출입문을 비롯해 뼈대와 연결되는 모든 것을 떠받친다.

이와 비슷하게, 기도생활을 세울 때 모든 것을 떠받칠 뼈대를 먼저 세워야 한다. 우리는 이 뼈대를 '틀'(routine)

이라 부른다. 기도가 한결같으려면 견고한 틀 위에 세워져야 한다. '기도의 틀'은 당신의 은밀한 곳에 질서와 안정을 주는 단계들의 분명한 형태나 순서다.

어떤 사람들은 자신의 기도생활을 감동의 모래 위에 세우려 한다. 감동은 잠시 도움이 되지만, 오래가는 기도를 낳지 못한다. 틀이 오래가는 기도를 낳는다. 틀은 따분하지 않고 계획적이다. 틀은 지루하지 않고 의도적이다.

유효한 기도의 틀이 많다. 예를 들면, 어떤 사람들은 예수님이 가르쳐주신 기도 위에 기도의 틀을 세운다(마 6:9-13). 이들은 기도 시간에 주기도문의 각 부분을 활용해 기도한다. 예를 들면, 이렇게 기도한다.

- "하늘에 계신 우리 아버지여 이름이 거룩히 여김을 받으시오며"(9절). 기도는 예배하고 감사하며 찬양하는 시간으로 시작하며 아버지가 중심이다.

- "나라가 임하시오며"(10절). 우리는 예수님에게 그분의

나라를 우리 가운데 세우시도록 요청한다. 예수님이 왕이신 곳에서는 모든 일이 그분의 능력을 통해 그분의 방식대로 이뤄진다. 우리는 그분의 나라가 우리의 기도 목록 하나하나에 임하도록 기도할 수 있다.

- "뜻이 하늘에서 이루어진 것같이 땅에서도 이루어지이다"(10절). 우리는 하나님의 완전한 뜻이 이곳 땅에서 이루어지길 구한다. 우리 자신의 필요에서, 우리의 기도 목록에 있는 사람들의 필요에서, 그리고 우리의 기도 목록에 있는 환경들에서 말이다.

- "오늘 우리에게 일용할 양식을 주시옵고"(11절). 이것은 무엇보다도 양식, 의복, 주거 같은 일상의 필요들을 구하는 기도다. 그러나 우리는 하나님이 그분의 말씀에서 오늘의 몫으로 우리를 영적으로도 먹여주시길 기도한다.

- "우리가 우리에게 죄 지은 자를 사하여준 것같이 우리 죄를 사하여주시옵고"(12절). 우리는 모든 관계에서 화해

를 위해 노력한다.

- "우리를 시험에 들게 하지 마시옵고 다만 악에서 구하시옵소서"(13절). 이것은 겸손의 기도이며, 하나님이 우리를 시험(유혹)하는 자에게서 구해주시리라 믿고 그분을 의지한다는 것을 인정하는 기도다. 죄를 이기는 삶은 우리의 몫이다.

- "나라와 권세와 영광이 아버지께 영원히 있사옵나이다 아멘"(13절). 우리는 예배로 기도를 마무리한다.

기도하라

주기도문의 각 구절로 잠시 기도하라. 주기도문을 당신이 날마다 하는 기도의 틀로 삼고 싶지 않은가? ☾

개인적으로 나는 내 은밀한 곳의 틀을 내가 '동시에 성경 읽기'라고 부르는 것을 중심으로 세운다. 나는 성경 네 곳(시편, 구약, 복음서, 서신서)을 읽고 그 구절로 기도하길 좋아한다. 1년에 한 번씩 성경 전체를 끝낼 수 있도록 속도를 조절한다. 나는 성경을 읽고 묵상하면서 내 기도 목록의 거의 모든 항목을 여기에 맞춰 기도한다. 내가 나의 틀을 어떻게 세우는지 더 자세히 알고 싶다면 내 책 《내 영이 마르지 않는 연습》(스텝스톤) 20장을 보라.

자신의 틀을 벗어났다면, 리셋 버튼을 누르고 다시 돌아가라.

성경 읽기 계획의 예를 원한다면 인터넷을 검색하거나 다음 사이트에 들어가보라.

www.oasishouse.com/page/plan.

처음에는 당신이 세운 기도 틀이 거칠게 느껴질는지 모른다. 그러나 그 틀을 꾸준히 유지하면 시간이 지날수록 틀이 다듬어지고 예수님과 동행하고 얘기를 나누는 당신만의 리듬이 갖춰질 것이다.

회개, 씻음, 감사, 찬양, 성경 읽기, 주기도문, 나의 기도 목록(17일), 예배 중 어느 하나나 전부를 당신의 기도 틀에 포함시키는 것을 고려해보라.

기도하라

위의 요소들을 놓고 기도하라. 당신은 어느 것을 포함
시키겠는가? 당신이 따르고 싶은 기도의 틀을 대략 적어
보라.

_____

_____

_____

_____

이 틀을 앞에 두고 순서가 적절하고 알맞다고 느껴질
때까지 조금씩 수정하라. 확신컨대 틀을 활용하면 당신
의 기도생활이 한결같고 오래 지속되는 데 도움이 될 것
이다. 오늘도 주님 안에서 기뻐하라!

당신의 기도를 기록해보세요.

20 WAYS TO A CONSISTENT
PRAYER LIFE

19일

인내하라

Endure

되새김 당신이 어제 세운 기도 틀을 한 부 그대로 베껴 쓰고 당신의 기도생활을 그 위에 세워라. 오늘 그 틀을 따라 기도할 수 있겠는가?

20일간의 기도리셋이 다 끝나가는 시점에서 특별히 강조하고 싶은 게 있다. 기도에서 '인내'의 중요한 역할이다. 사도 바울이 말한 쉼 없는 기도에 이르려면 인내가 필수다(살전 5:17).

기도리셋을 그저 실험이나 시험 주행으로 보려는 유혹이 있을 수 있다. 이를 테면, "이번 20일에서 뭔가 의미 있는 결과를 얻는다면 계속할게요!"라고 말하는 것이다. 그러나 이것은 옥수수 한 알을 심고는 "20일 후에 옥수수가 열리면 더 심을게요!"라고 말하는 것과 같다.

우리가 기도에서 뿌린 씨앗이 열매를 맺기 시작하려면 여러 날 또는 여러 주가 걸릴 수 있다. 그러나 하나님의 말씀으로 당신의 기대에 기름을 부어라. 당신이 씨를 뿌리면 틀림없이 거둘 것이다.

눈물을 흘리며 씨를 뿌리는 자는 기쁨으로 거두리로다 울며 씨를 뿌리러 나가는 자는 반드시 기쁨으로 그 곡식 단을 가지고 돌아오리로다 시 126:5,6

기도하라

당신이 자신의 은밀한 기도생활에 시간과 에너지와 믿음을 심을 수 있게 인내의 은혜를 구하라. ☾

씨를 뿌리면 열매를 거둔다는 확신이 성경 여러 곳에 나온다. 다음은 그중에 내가 가장 좋아하는 구절이다.

자기의 육체를 위하여 심는 자는 육체로부터 썩어질 것을 거두고 성령을 위하여 심는 자는 성령으로부터 영생을 거두리라 갈68

성령의 씨를 뿌리면 성령의 열매를 거둔다. 우리가 은밀한 곳에 기도의 씨를 뿌리면 마침내 그곳에서 열매를 거둔다. 성령의 씨를 뿌렸는데도 끝내 성령의 열매를 거두지 못하는 일은 없다. 같은 얘기를 다르게 해보자.

- 말씀 묵상에 시간을 뿌리면 말씀을 깨달음이란 열매를 거둘 것이다.
- 은혜에 힘입은 노력을 기도생활에 뿌리면 활기찬 기도생활의 만족이라는 열매를 거둘 것이다.

인내가 열쇠다. 날마다 인내하며 기도하는 것이 기도생활을 견고하게 세우는 유일한 길이다. 20일간의 기도

리셋은 당신이 그리스도께서 주시는 힘을 통해 이것을 할 수 있음을 깨닫도록 돕는 데 목적이 있다. ⏻

그리스도께서 하신 강력한 말씀을 생각해보라.

너희의 인내로 너희 영혼을 얻으리라 눅 21:19

인내는 하나님과 함께할 우리의 영원한 운명을 굳게 붙잡는 수단이다.

순전히 의지력이나 감동만으로 20일간의 기도생활을 해낼 수 있을는지 모른다. 그러나 성령에 힘입은 인내만이 우리를 장기적 기도생활로 이끌 수 있다.

기도하라

인내하며 기도할 수 있도록 은혜와 능력을 구하라. 당신의 영혼 깊은 곳에서 인내가 나오게 하라.

시간을 내어 귀를 기울여라. 이 기도리셋을 마친 후에도 계속 날마다 기도하도록 성령께서 당신을 인도하고 계시는가? 당신이 이 기도리셋 둘째 날 했던 약속을 연장하길 원하는가? 그렇다면 당신은 다음과 같이 약속하도록 초대받은 것이다.

주님께서 당신이 뿌린 씨가 풍성한 영적 수확으로 돌아오게 하시길 바란다. 주님의 사랑이 당신의 영혼을 줄곧 황홀하고 만족하게 하길 바란다. 그분의 은혜로 당신이 인내하는 기도만이 이를 수 있는 예수님과의 친밀함을 발견하길 바란다.

오늘도 주님의 사랑 안에 거하는 복된 하루가 되길!

하나님께 드리는
지속적인 약속

———

나는 하나님의 은혜로

앞으로 _____ 동안

매일 적어도 20분간 은밀한 곳에서

예수님과 함께하는 시간을 가질 것을

결심합니다.

서명 _____

날짜 _____

* 빈칸에 당신이 원하는 기간을 써넣어라. 6개월이든 3년이든, 그 외에
얼마든 자신이 원하는 기간을 써넣어라.

당신의 기도를 기록해보세요.

20일

성장하라

Grow

되새김 기도는 단거리 경주가 아니라 마라톤이다. 당신이 끝까지 인내하며 완주하도록 성령께서 당신을 돕고 싶어 하신다. 당신의 경주에 은혜가 함께할 것이다.

오늘, 20일 동안 매일 20분씩 기도하겠다고 했던 당신의 결심이 완전히 실현된다. 놀랍다! 이제 가장 힘든 부분인 첫 걸음 떼기를 마쳤다. 이제 그리스도 안에서 날마다 성장하는 영광스런 모험이 당신 앞에 있다.

이 기도리셋 기간에 당신은 기도생활을 떠받치는 초석들을 살펴보았다. 이번 20일 중에 당신에게 가장 의미가 깊었던 순간은 언제였는가? 그 순간을 떠올리며 적어보라.

당신은 이 기간에 주님이 계속해서 당신을 인도하시리라는 확신을 주는 어떤 승리를 경험했는가? 그 순간을 떠올리며 적어보라.

우리는 그리스도 안에서 자라길 원한다. 우리는 모두 영적 아기로 시작하지만 그 누구도 영적 아기 상태에 머물길 원치 않는다. 건강한 아기는 계속 자란다. 예수님의 경고가 기도에서 자라려는 우리의 결심이 진지해지게 한다.

불법이 성하므로 많은 사람의 사랑이 식어지리라 마 24:12

우리는 예수님이 말씀하신 시대에 살고 있다. 세상은 하나님의 율법을 저버리고 있으며, 그 결과 많은 사람의 섬김이 식어가고 있다.

기도하라

주님의 이름을 부르짖으라. 영적 성장을 위한 당신의 갈망을 표현하라. 이 악한 세대에 그리스도를 향한 당신의 사랑이 더욱 더 열렬하게 자라나도록 주님의 도우심을 구하라. ⏻

베드로는 예수님의 경고를 긍정적인 권고로 바꾸어 이렇게 말했다.

오직 우리 주 곧 구주 예수 그리스도의 은혜와 그를 아는 지식에서 자라 가라 벧후 3:18

기도하라

"주님, 어떻게 하면 은혜와 그리스도를 아는 지식에서 계속 자랄 수 있습니까?" ⏻

잠시 다음 구절을 묵상하고, 여기 표현된 약속을 믿어라.

의인은 종려나무같이 번성하며 레바논의 백향목같이 성장하리로다 시 92:12

나무는 천천히 자라며 평생 꾸준히 자란다. 이렇게 자라는 은혜가 당신에게 있길 바란다.

당신의 기도생활이 적어도 세 부분에서 자라도록 도와달라고 주님께 구하라.

• 그리스도의 사랑에서 자라도록 구하라. 이 기도리셋은 훈련과 결단과 박스에 체크하기에 관한 게 아니라, 십자가에 달리신 구주를 향한 뜨거운 사랑에서 자라기에 관한 것이다. 우리는 세상에서 그분의 영광을 볼 때 우리의 마음이 부드러워지고 그분을 향한 사랑이 일어나길 원한다. 이것은 전적으로 열망과 갈망에 관한 것이다. 이것이 우리가 기도하는 이유다!

• '성경으로 기도하기'에서 자라며, 말씀에 잠겨 삶에서 자라도록 구하라. 당신은 매년 성경을 완독하길 원하는가?

- 당신이 날마다 자신의 은밀한 곳에서 보내는 시간의 양에서 자라도록 구하라. 하루 20분으로는 더 이상 만족스럽지 않을 때가 올 것이다.

기도가 당신의 삶 구석구석에 스며들길 원하는가? 그렇다면 매일 어느 시간에든 20초 기도를 수시로 하라. 예를 들면, 운전할 때나 걸을 때 20초간 예수님과 대화하면 그분을 향한 당신의 사랑이 늘 더 커질 수 있다.

하루 내내 어느 때든 당신이 사랑하는 분과 20초간 함께한다면 그분의 임재가 점점 더 분명하게 느껴질 것이다.

당신은 이렇게 물을지 모른다.

"목사님, 제 기도가 성장하는 데 도움이 될 만한 자료를 추천해주실 수 있나요?"

물론이다. 다음 단계에서 《내 영이 마르지 않는 연습》을 읽어보길 바란다. 나는 이 책을 바로 지금의 당신과 같은 위치에 있는 사람들을 위해 썼는데, 많은 사람에게 도움이 되었다. 기도하면서 이 책을 읽으면 당신의 마음 제단에 불길이 다시 살아나고 더 기도하려는 갈망이 강해질 것이다.

당신은 예수 그리스도와 친밀한 관계라는 아름다운 모험을 시작했다. 그리스도의 말씀이 당신 안에 풍성히 거하고 당신이 모든 선한 일에 풍성히 열매를 맺길 바란다.

기도리셋을 위한
일일 점검 목록

———

☐ 같은 시간에 같은 장소로 물러나라.

☐ 주의를 산만하게 하는 모든 것들에
전쟁을 선포하라.

☐ 회개하고 예수님의 피로 씻음 받으라.

☐ 진실한 사랑으로 감사하고 찬양하라.

☐ 성경으로 기도하라.

☐ 듣고, 일기를 쓰며, 순종하라.

☐ 가끔 금식하라.

☐ 기도의 틀(prayer routine)을 따르고
기도 목록을 활용하라.

☐ 인내하라. 나의 기도 약속을 지켜라.
계속 성장하라.

당신의 기도를 기록해보세요.

기도리셋 20일 요약

1일

갈망하라 Desire

예수님은 기도하려는 강한 갈망을 당신에게 불어넣고 계신다.

2일

결심하라 Decide

당신은 앞으로 20일간, 매일 20분씩 기도하기로 결심했다.

3일

앞으로 나아가라 Reach

과거의 그 어떤 실패도 당신을 곁길로 밀어내지 못하게 하라.
제자리로 돌아가 앞으로 나아가라.

4일

싸워라 Fight

기도를 방해하는 모든 것과 싸워라. 이것은 전쟁이다!

5일

기도 자리를 찾아라 Place

매일 같은 자리로 물러나 기도하라.

6일

기도 시간을 정하라 Clock

하루 중 당신에게 가장 좋은 시간을 기도 시간으로 정하라.

7일

회개하라 Repent

필요에 따라 회개하라.

8일

씻음을 받으라 Cleanse

그리스도의 피로 씻음을 받고 확신을 품고 아버지 품에 안겨라.

9일

감사하라 Thanks

감사와 찬양으로 기도를 시작하라.

10일

성경으로 기도하라 #PrayRead

성경을 읽으면서 성경으로 기도하라.

11일

시편으로 기도하라 Psalms

시편에서 기도에 활용할 수 있는 어휘를 찾아라.

12일

들어라 Listen

말하는 것도 좋다. 그러나 듣는 편이 훨씬 낫다.

13일

일기를 쓰라 Journal

떠오르는 것들 중에 가치 있는 것은 무엇이든 기록하고
나중에 다시 살펴보라.

14일

순종하라 Obey

하나님이 성경을 통해 하시는 모든 말씀에 순종하겠다고 결심하라.

15일

사랑하라 Love

당신에게 이 모든 것을 하는 것은 사랑 때문이라고
그분에게 거듭거듭 말씀드려라.

16일

금식하라 Fast

가끔 금식하라.

17일

기도 목록을 작성하라 List

한 해 동안 기도 목록을 사용하면서 당신에게 도움이 되는지 보라.

18일

기도의 틀을 세워라 Routine

당신의 기도 틀을 이루는 요소들을 순서대로 정돈하고
날마다 그 형식을 따라 기도하라.

19일

인내하라 Endure

늘 은밀한 곳에 씨를 뿌려라. 감동이 없을 때라도 마침내 거두리라는
확신을 갖고 뿌려라.

20일

성장하라 Grow

은혜를 받아 늘 기도에서 성장하라. 이게 전부가 아니다!

그룹 토의를 위한 **질문**

이 책을 그룹으로 함께 실행하는 사람들은 원하면 얼마든지 자주 만나도 좋다. 다음 몇몇 질문을 통해 본문을 살펴보거나 함께 토론할 수 있다.

1일
- 왜 이 기도리셋에 지원했는가?

- 당신이 그리스도에 대해 다른 무엇보다 바라는 '한 가지 일'은 무엇인가?

2일
- 이 기도리셋이 그냥 시운전이라고 느끼는가 아니면 멀리까지 가겠다고 굳게 결심했는가?

- 누가복음 10장 42절에서 가장 크게 다가오는 것은 무엇인가?

3일
- 빌립보서 3장 13,14절에 나오는 앞으로 나아감의 원리가 개인적으로 무엇을 의미하는가?

- 삭제 버튼을 누르는 과거의 실패들이 있는가? 설명하라.

4일   · 기도에 집중하지 못하게 하는 가장 큰 방해물은 무엇인가?

· 하나님이 그 방해물과 싸울 전략을 주셨는가?

5일   · 매일 같은 곳에서 기도할 수 있는가? 기도가 가장 잘되는 곳
이 어딘지 그룹원들에게 말하라.

· 조용히 물러나 하나님 앞에 있는 게 쉬운가, 어려운가?

6일 · 하루 중 언제 정신이 가장 맑은가?

_____

· 하루 중 그 시간에 기도하려면 당신의 일정을 어떻게 조정해야 하는가?

_____

_____

7일 · 고백하고 회개하는 데 애를 먹는가 아니면 회개와 고백이 쉽게 나오는가?

_____

_____

· 회개에 관해 무엇을 배웠는가? 그중 다른 그룹원들에게 도움이 될 만한 것은 무엇인가?

_____

_____

_____

_____

8일 • 예수님의 피에 관해 궁금해하며 대답을 듣고 싶은 질문들은 무엇인가?

_____

_____

_____

• 매일 그리스도의 피로 뿌림을 받으려 하는가?

_____

9일 • 당신에게 너무나 배은망덕해 당신을 화나게 하는 사람이 있는가? 그에 관한 얘기를 들려줄 수 있겠는가?

_____

_____

_____

_____

• 왜 주님은 우리가 그분에게 감사와 찬양으로 나아오길 원하신다고 생각하는가?

_____

10일 • 성경으로 기도했을 때 그 느낌이 어땠는가?

• 성경으로 기도하기에 관해 그룹원들에게 하고 싶은 질문이 있는가?

11일 • 시편에 관해 가장 좋아하는 점은 무엇인가?

• 매일 시편으로 기도하는 시간을 가지라는 저자의 제안을 어떻게 생각하는가?

12일 • '듣다'(hear)가 성경에서 가장 중요한 단어라는 저자의 단언을 어떻게 생각하는가?

- 하나님의 말씀을 더 분명하게 듣는 당신만의 비법을 그룹원들에게 공개할 수 있겠는가?

___

13일 · 일기를 쓰는가? 왜 쓰는가 또는 왜 쓰지 않는가? 일기 쓰기를 시작할 계획이 있는가?

___

- 13일 맨 끝에 제시된 세 질문에 답하는 데 어려움이 있었는가?

___

14일 · 누가복음 6장 46절이 당신에게 개인적으로 무엇을 뜻하는가?

___

- 순종이 없는 기도는 지루하다는 저자의 말에 동의하는가?

___

15일 · 우리가 복음의 로맨틱한 부분(사랑, 친밀감, 갈망)을 말하기 시작할 때 당신의 마음이 여기에 이르기 쉬운가 아니면 어려운가? 할 말이 있는가?

___

- 예수님은 "나의 사랑 안에 거하라"고 하셨다. 이 말씀이 당신에게 무엇을 의미하는가?

  _____

16일 · 금식과 관련해 당신의 질문, 두려움, 싸움, 승리는 무엇인가?

  _____

  _____

  _____

- 우리 그룹이 함께 금식하길 원하는가?

  _____

17일 · 기도 목록에 어떤 항목들을 넣었는가?

  _____

  _____

- 기도 목록에 넣은 세 사람은 누구이며, 왜 이들을 넣었는가?

  _____

  _____

18일 · 당신의 기도 틀의 뼈대는 무엇인가?

_____

· 당신에게 잘 맞을 만한 성경 읽기 계획표를 찾을 수 있었는가?

_____

19일 · 우리는 감동도 없고 동기부여도 없을 때 어떻게 매일 인내하며 기도할 수 있는가?

_____

· 이 기도리셋이 끝나더라도 인내하며 기도하겠다는 약속에 서명했는가? 왜 했는가 또는 왜 하지 않았는가?

_____

20일 · 당신은 기도에서 어떻게 자라길 원하는가?

_____

· 우리는 기도에 관한 다른 책을 그룹으로 공부하는 데 관심이 있는가? 우리는 계속 만나길 원하는가?

_____

기도하고 싶은데
기도를 어떻게 시작해야 할지 모를 때

초판 1쇄 발행   2018년 1월 8일

지은이   밥 소르기
옮긴이   전의우

펴낸이   여진구
책임편집   이영주, 김윤향
편집   안수경, 최현수, 김아진
책임디자인 유주아 | 마영애
기획·홍보 김영하   해외저작권   기은혜
마케팅   김상순, 강성민, 허병용   마케팅지원   최영배, 정나영
제작   조영석, 정도봉   경영지원   김혜경, 김경희

이슬비전도학교   최경식   303비전성경암송학교   박정숙
303비전장학회 & 303비전꿈나무장학회   여운학

펴낸곳   규장

주소   06770 서울시 서초구 매헌로 16길 20(양재2동) 규장선교센터
전화   02)578-0003   팩스   02)578-7332
이메일   kyujang0691@gmail.com   홈페이지   www.kyujang.com
페이스북   facebook.com/kyujangbook   인스타그램   instagram.com/kyujang_com
카카오스토리   story.kakao.com/kyujangbook
등록일   1978.8.14. 제1-22

ⓒ 한국어 판권은 규장에 있습니다.
이 출판물은 저작권법에 의해 보호를 받는 저작물이므로 무단 전재와 무단 복제를 할 수 없습니다.

책값   뒤표지에 있습니다.
ISBN 978-89-6097-522-4 03230

규 | 장 | 수 | 칙

1. 기도로 기획하고 기도로 제작한다.
2. 오직 그리스도의 성품을 사모하는 독자가 원하고 필요로 하는 책만을 출판한다.
3. 한 활자 한 문장에 온 정성을 쏟는다.
4. 성실과 정확을 생명으로 삼고 일한다.
5. 긍정적이며 적극적인 신앙과 신행일치에의 안내자의 사명을 다한다.
6. 충고와 조언을 항상 감사로 경청한다.
7. 지상목표는 문서선교에 있다.

하나님을 사랑하는 자 곧 그의 뜻대로 부르심을 입은 자들에게는 모든 것이 合力하여 善을 이루느니라(롬 8:28)

규장은 문서를 통해 복음전파와 신앙교육에 주력하는 국제적 출판사들의 협의체인 복음주의출판협회(E.C.P.A:Evangelical Christian Publishers Association)의 출판정신에 동참하는 회원(Associate Member)입니다.